# MIEUX S'ORGANISER
# AU TRAVAIL

# MIEUX S'ORGANISER AU TRAVAIL

*Techniques et astuces pour une productivité optimale*

Mike M. Miller
Date de publication : Juin 2023

Couverture : PodToDigital

Mike M. Miller

# MIEUX S'ORGANISER AU TRAVAIL

## Techniques et astuces pour une productivité optimale

# Table des matières

# INTRODUCTION

**On a la réponse !** Nous venons de lever 500 000 € à nous trois, associés ! Nous sommes comblés de bonheur ! Le lendemain, nous avons rendez-vous dans un cabinet comptable spécialisé dans les affaires. C'est un endroit luxueux. Nous passons toute l'après-midi à imprimer des tonnes de documents, à savourer du café et à apposer nos signatures sur de nombreux contrats.

Très rapidement, je vais réaliser que mes trois associés et nos quinze collaborateurs ne sont pas bien organisés. Pire encore, je vais rapidement constater que chacun d'entre eux se croit organisé et cherche à convaincre les autres avec des techniques douteuses, empreintes d'ego. Aucun d'entre nous n'a des techniques de gestion basiques, moi y compris à cette époque ! C'est ainsi que je me suis plongé dans la lecture afin d'apprendre à m'organiser, ainsi que mon équipe ! J'ai rapidement vendu mes parts et quitté cette entreprise et cette mauvaise association. Me voilà maintenant entrepreneur indépendant et je suis déterminé à gravir les échelons rapidement.

Bien sûr, j'ai lu le livre de Tim Ferris, "La Semaine de 4 heures", mais j'ai envie d'aller encore plus loin et d'expérimenter un maximum de techniques. Les lignes que vous lisez sont le fruit de 10 années d'expérience en lectures et en expérimentation. Depuis 2013, je m'efforce de gagner et d'économiser du temps dans mes tâches professionnelles et personnelles, tout en étant conscient des défis liés au changement et à l'accompagnement du changement (en douceur) pour mes collaborateurs !

Je formule le vœu que ce guide vous propulse vers des niveaux de productivité inégalés et insoupçonnés au moment où vous lirez cette phrase.

Que la force soit avec vous !

# Les différentes approches d'une bonne organisation au travail

❖ **Approche philosophique**

L'approche philosophique ancienne qui pourrait être pertinente pour la question de l'organisation au travail est celle des stoïciens, qui ont mis l'accent sur la vertu, la rationalité et la maîtrise de soi. Les stoïciens, tels que Sénèque, Épictète et Marc Aurèle, ont développé des pratiques pour atteindre l'eudémonisme, une vie heureuse et bien vécue, en se concentrant sur ce qui est sous leur contrôle et en acceptant ce qui ne l'est pas.

Cette approche peut être appliquée à l'organisation au travail en encourageant une réflexion sur ce qui est important et en adoptant des routines pour atteindre ses objectifs, tout en étant conscient des limites de son contrôle. Du côté moderne, la philosophie de la productivité, telle que développée par Tim Ferriss et Cal Newport, propose une approche plus pratique, en utilisant des méthodes scientifiques pour maximiser l'efficacité au travail.

❖ **Approche psychologique**

L'approche psychologique ancienne qui pourrait être pertinente pour le sujet de l'organisation au travail est la théorie de la motivation d'Abraham Maslow, qui a été développée dans les années 1940 et 1950. Maslow a proposé que les besoins humains sont organisés hiérarchiquement, avec les besoins les plus fondamentaux comme la nourriture et le logement au bas de la pyramide, et les besoins plus élevés tels que la réalisation de soi au sommet. Selon Maslow, pour être motivé à travailler, les besoins fondamentaux doivent être satisfaits, mais les individus doivent également trouver un sens et un but dans leur travail.

Cette approche peut être appliquée à l'organisation au travail en encourageant les employeurs à s'assurer que les besoins primordiaux des employés sont satisfaits et en créant un environnement de travail qui favorise la réalisation de soi.

Du côté moderne, la psychologie positive propose des outils et des techniques pour dynamiser la motivation et la satisfaction au travail.

❖ **Approche comportementale**

Les approches comportementales de la productivité au travail ont évolué au fil du temps pour inclure une variété de théories et de pratiques. L'une des premières théories à émerger a été la théorie de la motivation d'Abraham Maslow dans les années 1940, qui a mis en évidence l'importance des besoins humains indispensables tels que la sécurité et l'estime de soi pour la motivation et la productivité au travail. Dans les années 1950, B.F. Skinner a développé la théorie du renforcement, qui met en avant l'importance de l'environnement de travail pour encourager les comportements souhaités. Plus récemment, les théories de l'auto-efficacité et de la théorie de la gestion de soi ont mis l'accent sur l'importance de l'individu dans la gestion de ses propres comportements et la réalisation de ses objectifs de productivité.

Les approches modernes incluent la théorie de l'engagement, qui met l'accent sur l'importance de l'engagement des employés dans leur travail pour améliorer leur productivité et leur satisfaction, et la théorie de la neuroplasticité, qui suggère que le cerveau puisse être remodelé pour améliorer la productivité à travers des exercices spécifiques.

❖ **Approche biologique**

Les approches biologiques de la productivité au travail ont évolué au fil des décennies pour inclure une variété de théories et de pratiques. L'une des premières théories à émerger a été la théorie de la fatigue de Nathanial Kleitman dans les années 1930, qui a mis en évidence l'importance du rythme circadien dans la régulation du sommeil et de l'éveil et leur impact sur la productivité au travail. Dans les années 1960, l'horloge biologique a été découverte, révélant que les organismes vivants ont des rythmes biologiques internes qui peuvent affecter leur comportement et leur performance.

Les théories modernes incluent la théorie de la synchronisation, qui met en évidence l'importance de synchroniser les rythmes circadiens avec les horaires de travail pour améliorer la productivité, et la théorie de la neuroergonomie, qui étudie l'interaction entre le cerveau et l'environnement de travail pour améliorer les performances cognitives et la productivité.

### ❖ Approche sociologique

En sociologie, plusieurs écoles de pensée se sont intéressées à l'organisation du travail et à la productivité. Le courant classique, représenté par les travaux de Frederick Winslow Taylor au début du XXe siècle, a cherché à optimiser les tâches en les divisant et en simplifiant les processus. Le courant des relations humaines, initié par Elton Mayo dans les années 1920, a mis en avant l'importance des relations interpersonnelles et de la motivation des travailleurs. Plus récemment, la sociologie des organisations s'est penchée sur les structures et la culture de l'entreprise, avec les travaux de Michel Crozier et d'Erving Goffman. Enfin, la sociologie critique, représentée notamment par les travaux de Pierre Bourdieu et de Luc Boltanski, a mis en lumière les inégalités de pouvoir et les mécanismes de domination présents dans le monde du travail.

### ❖ Approche historique

L'approche historique de l'organisation du travail est particulièrement importante pour comprendre les évolutions des techniques et des astuces pour améliorer la productivité. L'histoire de la gestion d'entreprise a été marquée par des théories et des pratiques qui ont influencé la façon dont les travailleurs sont organisés et gérés. Parmi les théories les plus célèbres, on peut citer le taylorisme (fin XIXe siècle), qui visait à rationaliser le travail en le découpant en tâches simples, ou encore l'approche de la qualité totale (années 1980), qui cherchait à impliquer les travailleurs dans l'amélioration continue des processus.

### ❖ Approche économique

L'approche économique de l'organisation du travail est née au XIXe siècle avec l'école classique d'Adam Smith et de ses disciples tels que David Ricardo. Ils ont souligné l'importance de la division du travail pour accroître l'efficacité et la productivité. Au XXe siècle, l'école des relations humaines, initiée par Elton Mayo, a introduit l'idée que la satisfaction des travailleurs contribue à leur productivité.

L'approche moderne de l'organisation du travail, telle que développée par Peter Drucker, met l'accent sur la gestion des connaissances et la valorisation des compétences des travailleurs. Les économistes modernes, comme Gary Becker et ses disciples, ont également étudié l'impact des incitations financières sur la productivité.

❖ **Approche politique**

Au fil des années, différentes approches politiques ont été proposées pour améliorer la productivité au travail. Un exemple d'approche ancienne est la philosophie du Confucianisme, qui met l'accent sur l'importance de l'ordre, de la discipline et du travail acharné. Les approches modernes de la productivité au travail incluent l'école néolibérale de la pensée, qui se concentre sur la concurrence individuelle et les incitations basées sur le marché, et l'approche sociale-démocrate, qui privilégie le bien-être social et la négociation collective.

# CHAPITRE 1 : COMPRENDRE LES BASES DE L'ORGANISATION

L'organisation est une compétence clé pour réussir dans votre vie professionnelle. Elle vous permet de mieux gérer votre temps, de rester concentré sur vos objectifs et de faire face à toutes les tâches qui vous sont attribuées. De plus, une organisation efficace peut vous aider à éviter le stress et à améliorer votre qualité de vie.

Dans ce chapitre, nous allons examiner les différents types d'organisation, les avantages d'une bonne organisation et les raisons pour lesquelles vous devriez vous concentrer sur cette compétence. Nous explorerons également les différentes techniques d'organisation que vous pouvez utiliser pour améliorer votre productivité, telles que la méthode GTD ou la méthode Pomodoro.

Enfin, nous vous donnerons des astuces pour vous aider à éviter les distractions et à rester concentré sur vos tâches. Vous apprendrez comment maintenir votre productivité sur le long terme, en évitant la procrastination et en gardant votre motivation intacte.

Alors, prêt à apprendre les bases de l'organisation ? C'est parti !

# Pourquoi l'organisation est importante ?

L'importance de l'organisation ne se limite pas simplement à la réalisation des tâches. Une bonne organisation a des effets bénéfiques sur notre santé mentale, notre bien-être physique et notre vie spirituelle. En effet, être organisé nous permet de mieux gérer notre temps, de minimiser le stress, de rester concentré, d'atteindre nos objectifs et de vivre une vie plus équilibrée.

## Les bénéfices médicaux de l'organisation
Des études ont montré que le stress chronique peut avoir des effets négatifs sur notre santé physique et mentale. Une mauvaise organisation peut augmenter le stress et causer des troubles anxieux. L'organisation permet donc de minimiser le stress et de réduire les risques de maladies liées au stress.

## Les bénéfices psychologiques de l'organisation
Lorsque nous sommes organisés, nous sommes plus confiants dans notre capacité à réaliser nos tâches. Nous avons une vision claire de ce que nous devons faire et nous sommes plus motivés à le faire.
Cela nous permet également de mieux gérer les imprévus et de nous adapter plus facilement aux changements.

## Les bénéfices comportementaux de l'organisation
Être organisé peut aussi avoir un impact positif sur notre comportement. Cela peut améliorer nos relations professionnelles et nous permettre de mieux communiquer avec nos collègues. Nous sommes ainsi plus susceptibles de respecter les délais et de tenir nos promesses, ce qui nous aide à bâtir une bonne réputation professionnelle.

## Les bénéfices spirituels de l'organisation
Enfin, être organisé peut avoir des effets bénéfiques sur notre vie spirituelle. Lorsque nous sommes organisés, nous avons plus de temps pour nous concentrer sur les choses qui comptent vraiment, comme nos relations, nos passe-temps (hobbies), notre famille et notre santé. Nous sommes par ailleurs plus enclins à vivre l'instant présent et à être reconnaissants pour les bonnes choses dans notre vie.

Une bonne organisation est essentielle pour notre bien-être et notre réussite professionnelle. Alors, prenez le temps d'organiser votre vie professionnelle, de réduire votre stress, d'améliorer vos relations, de réaliser vos objectifs et de vivre une vie plus équilibrée.

N'oubliez pas que l'organisation est une compétence que vous pouvez développer avec le temps et la pratique. Dans les chapitres suivants, nous aborderons différentes techniques et astuces pour vous aider à vous organiser efficacement.

*Rappelez-vous, une bonne organisation vous permet de briller dans votre travail et de vivre une vie plus épanouissante !*

# Les différents types d'organisation

L'organisation est une compétence clé pour réussir dans tous les domaines de la vie, notamment dans le monde professionnel. Il existe plusieurs types d'organisation, chacun avec ses propres avantages et inconvénients. Passons en revue quelques-uns d'entre eux :

### 1. Organisation linéaire

L'organisation linéaire est une méthode d'organisation très structurée qui suit une séquence de tâches prédéfinie. Elle est souvent utilisée dans les industries de fabrication ou dans les projets de construction. Cette méthode permet une visualisation claire du processus, de l'étape de début à la fin. L'organisation linéaire peut être comparée à la construction d'une maison, où chaque étape doit être suivie dans un ordre précis pour que la maison soit construite correctement.

Par exemple, une entreprise de construction peut préférer une organisation linéaire pour sa construction de maisons, tandis qu'une entreprise de développement de logiciels pourrait opter pour une organisation en équipe agile.

Chaque type d'organisation a ses avantages et inconvénients en fonction des objectifs, des ressources et de la culture de l'entreprise.

## 2. Organisation matricielle

Cette méthode implique l'affectation de membres d'équipes à des projets spécifiques en fonction de leurs compétences. Elle est généralement utilisée dans les entreprises de technologie ou de conseil. L'avantage de cette méthode est qu'elle permet de maximiser l'utilisation des ressources disponibles en affectant les membres de l'équipe là où ils peuvent apporter le plus de valeur. L'organisation matricielle peut être comparée à la manière dont une équipe de basket-ball est constituée, en utilisant les compétences spécifiques de chaque joueur pour maximiser les chances de victoire.

## 3. Organisation en réseaux

Cette méthode est basée sur la collaboration et la communication entre les membres de l'équipe pour atteindre un objectif commun. Elle est souvent utilisée dans les entreprises qui ont des équipes virtuelles ou des projets qui nécessitent la collaboration de plusieurs départements.

L'avantage de cette méthode est qu'elle encourage la communication et la collaboration, ce qui peut améliorer la créativité et l'innovation.

L'organisation en réseaux peut être comparée à un jardin, où chaque plante pousse et se développe en fonction de sa relation avec les autres plantes et leur environnement.

## 4. Organisation flexible

Cette méthode implique une approche plus souple de l'organisation, où les membres de l'équipe peuvent travailler sur plusieurs projets en même temps et ajuster leur emploi du temps en fonction de leur charge de travail. Elle est utilisée dans les start-ups ou les petites entreprises où l'agilité est primordiale. L'avantage de cette méthode est qu'elle permet une plus grande flexibilité, ce qui peut favoriser l'innovation et la créativité. L'organisation flexible peut être comparée à une danse, où les danseurs peuvent se déplacer librement et s'adapter à la musique et aux autres danseurs.

Chacun de ces types d'organisation peut être utilisé avec succès, selon les besoins et les préférences de l'entreprise ou de l'individu. Il est important de prendre en compte les avantages et les inconvénients de chaque méthode avant de choisir celle qui convient le mieux.

Il est important de noter que chaque entreprise peut adapter son organisation en fonction de ses besoins spécifiques. Par exemple, une entreprise de services financiers peut utiliser une organisation matricielle, qui combine des structures linéaires et fonctionnelles pour répondre aux besoins de ses clients tout en gérant efficacement les ressources internes. Une autre entreprise peut utiliser une organisation hiérarchique pour garantir que les décisions importantes sont prises par des cadres supérieurs.

Le choix de l'organisation dépend des objectifs, des ressources et de la culture de l'entreprise. Il est important pour les managers de comprendre les avantages et les inconvénients de chaque type d'organisation et de choisir celui qui convient le mieux à leur entreprise. Les bonnes pratiques organisationnelles peuvent aider à améliorer la productivité, la communication et la qualité du travail, et peuvent contribuer à la réussite à long terme de l'entreprise.

# Les avantages d'une bonne organisation

Tout d'abord, une bonne organisation vous permettra de gagner du temps. En planifiant votre travail à l'avance et en vous fixant des échéances réalistes, vous pourrez éviter de vous retrouver à courir après le temps.

Au lieu de cela, vous pourrez vous concentrer sur vos tâches prioritaires et vous assurer de les accomplir dans les délais impartis. Cela vous permettra de mieux gérer votre temps et de vous concentrer sur les aspects les plus importants de votre travail.

En outre, une bonne organisation peut également vous aider à réduire votre niveau de stress. En sachant ce que vous avez à faire et en planifiant vos tâches à l'avance, vous pouvez vous éviter des situations de panique de dernière minute. Vous serez plus à l'aise et moins stressé tout au long de votre journée de travail, ce qui vous permettra d'être plus productif et de mieux gérer les imprévus.

Une bonne organisation peut de plus vous aider à mieux communiquer avec vos collègues et votre manager. En ayant une vue d'ensemble de votre charge de travail, vous pouvez mieux planifier vos réunions et vos projets, ce qui peut faciliter la communication avec vos collègues. Vous pouvez mieux informer votre manager de votre charge de travail et de vos réalisations, ce qui peut faciliter l'obtention d'une promotion ou d'une augmentation de salaire.

Il y a plusieurs exemples qui illustrent les avantages d'une bonne organisation.

*Par exemple, un ingénieur qui planifie son travail en utilisant la méthode* **Pomodoro** *peut améliorer sa concentration et sa productivité. Un avocat qui utilise un agenda pour planifier ses rendez-vous et ses échéances peut éviter les retards et les oublis. Un manager qui utilise une liste de tâches pour planifier les activités de son équipe peut s'assurer que tous les membres de son équipe sont sur la même longueur d'onde et travaillent vers un objectif commun.*

En utilisant des métaphores, vous pouvez facilement expliquer les avantages d'une bonne organisation. Par exemple, vous pouvez comparer une journée de travail bien organisée à un voyage en avion. Tout comme un pilote planifie son itinéraire et sa charge de carburant avant le décollage, vous pouvez planifier votre travail et votre charge de travail à l'avance pour vous assurer de ne pas manquer de temps ou d'énergie en cours de route.

Être bien organisé au travail peut avoir de nombreux avantages, tels que gagner du temps, réduire le stress, mieux communiquer avec les collègues et les managers, et améliorer la productivité. Les exemples et les métaphores peuvent aider à mieux illustrer ces avantages et les rendre plus aisément compréhensibles.
En suivant les conseils de ce livre, vous pouvez améliorer votre organisation personnelle et professionnelle, ce qui peut vous aider à réussir dans votre travail et à atteindre vos objectifs de carrière.

*"Le temps est un capital qu'il faut utiliser avec sagesse."*
**Sénèque**

# CHAPITRE 2 : FAIRE UN ÉTAT DES LIEUX DE SA PROPRE ORGANISATION

Maintenant que nous avons vu les bases de l'organisation dans le chapitre précédent, il est temps de se pencher sur votre propre organisation. Pour être efficace et productif au travail, il est essentiel de prendre du recul et d'évaluer votre environnement de travail, vos priorités, vos habitudes de travail et vos sources de stress. Cela vous permettra d'identifier les améliorations à apporter pour mieux gérer votre temps et votre énergie.

Ce chapitre vous propose donc des outils et des méthodes pour évaluer votre propre organisation. Vous découvrirez comment déterminer vos priorités, analyser vos habitudes de travail et faire un bilan régulier pour ajuster votre organisation au fil du temps. Nous aborderons également l'importance d'évaluer votre environnement de travail et de détecter les sources de stress pour mieux les gérer.

Ce chapitre vous permettra de mieux comprendre votre organisation actuelle pour ensuite la modifier de façon optimale en utilisant les techniques et les astuces qui seront présentées dans les chapitres suivants. C'est une étape cruciale pour améliorer votre productivité et vous sentir plus épanoui au travail.

# Évaluer son environnement de travail

Pour être organisé et productif au travail, il est essentiel de bien évaluer son environnement de travail. Cela peut sembler évident, mais beaucoup de gens ne prennent pas le temps de le faire. L'évaluation de votre environnement de travail peut vous aider à identifier les problèmes qui peuvent affecter votre productivité et votre bien-être, tels que le bruit, la lumière, la température ou même l'ergonomie de votre poste de travail.

## Étape 1 : Évaluez l'agencement de votre espace de travail

Pour évaluer votre environnement de travail, commencez par identifier les éléments qui ont un impact sur votre travail. Pensez à la lumière, au bruit, à la température, à l'ergonomie de votre poste de travail, à la qualité de l'air, à l'espace disponible et à l'organisation de votre espace de travail.

*Par exemple, si vous travaillez dans un open-space, le bruit peut être un facteur de distraction important.*
*Dans ce cas, envisagez d'utiliser des écouteurs antibruit ou de demander à votre employeur s'il est possible de mettre en place des cloisons pour réduire le bruit.*

## Étape 2 : Organisez votre espace de travail

Une autre chose à prendre en compte est l'organisation de votre espace de travail. Si votre bureau est encombré, cela peut être un facteur de distraction et de stress. Prenez le temps de ranger et d'organiser votre bureau. Investissez dans des outils de rangement et des boîtes pour ranger les fournitures et les documents dont vous avez besoin.

## Étape 3 : Prenez en compte l'ergonomie de votre bureau

Il est essentiel de prendre en compte l'ergonomie de votre poste de travail. Si vous passez beaucoup de temps assis, assurez-vous que votre chaise et votre bureau sont bien ajustés à votre taille et que vous avez un bon support pour votre dos. Si vous travaillez sur un ordinateur, assurez-vous que l'écran est à une hauteur confortable pour vos yeux et que vous utilisez un clavier et une souris ergonomiques.

## Étape 4 : Prenez en compte l'ambiance de votre environnement de travail

Enfin, prenez en compte les éléments qui peuvent affecter votre bien-être général. Si vous travaillez dans un environnement stressant, cela peut affecter votre santé mentale et physique. Identifiez les sources de stress et voyez comment vous pouvez les réduire. Par exemple, si vous êtes souvent stressé par les délais, essayez de planifier votre travail à l'avance et de répartir vos tâches sur plusieurs jours.

Pour évaluer votre environnement de travail, il est crucial de prendre en compte tous les éléments qui peuvent avoir un impact sur votre productivité et votre bien-être. Identifiez les problèmes et voyez comment vous pouvez les résoudre. N'oubliez pas que l'organisation de votre espace de travail peut avoir un impact significatif sur votre motivation, votre bonne conscience professionnelle et votre productivité.

### Exemples :

➢ *Si vous travaillez à domicile, essayez de trouver un endroit calme et confortable où vous pouvez travailler sans être dérangé. Si vous avez des enfants, envisagez de mettre en place un système de garde pour qu'ils soient pris en charge pendant que vous travaillez.*

➢ *Si vous travaillez dans un bureau, évaluez l'agencement de votre espace de travail. Assurez-vous d'avoir suffisamment d'espace pour travailler confortablement et évitez d'avoir trop d'encombrement sur votre bureau. Si vous partagez un espace de travail, assurez-vous que vous avez suffisamment d'intimité pour vous concentrer sur votre travail.*

En évaluant votre environnement de travail de manière régulière, vous pouvez identifier les éléments qui nuisent à votre productivité et trouver des solutions pour les résoudre. Une bonne conscience professionnelle implique d'être à l'écoute de vos besoins et de prendre des mesures pour améliorer votre environnement de travail.

# Déterminer ses priorités

Pour être efficace dans son travail, il est important de savoir quelle tâche accomplir en premier. Pour ce faire, il faut déterminer ses priorités.
Il y a plusieurs façons de déterminer ses priorités, mais voici une méthode simple et efficace :

### 1. Faites une liste de toutes les tâches que vous devez accomplir

Utilisez un outil de votre choix, comme une application de prise de notes, une feuille de papier ou un tableau blanc.

### 2. Classez les tâches par ordre d'importance

Pour ce faire, posez-vous les questions suivantes :

- Quelle tâche est la plus importante pour mon travail ?
- Quelle tâche est la plus urgente ?
- Quelle tâche a le plus d'impact sur mes objectifs professionnels ?

Utilisez des émojis ou des émoticônes pour mettre en évidence les tâches les plus importantes ou les plus urgentes. Par exemple, vous pouvez utiliser un point d'exclamation pour les tâches urgentes et une étoile pour les tâches importantes.

### 3. Classez vos tâches par ordre

Identifiez les tâches qui ne sont pas essentielles pour votre travail et mettez-les de côté. Vous pouvez les reporter à plus tard ou les éliminer si elles ne sont pas importantes.

### 4. Réévaluez votre liste de priorités régulièrement

Les priorités peuvent changer en fonction des circonstances, des urgences ou des nouveaux projets.

Voici un exemple de liste de tâches avec des priorités identifiées :

- Envoyer le rapport à mon supérieur hiérarchique avant la fin de la journée
- Répondre aux e-mails importants de mes clients
- Passer un coup de téléphone important avec mon fournisseur
- Mettre à jour le fichier clientèle
- Participer à la réunion de l'équipe à 10 h
- Préparer le devis pour le client XYZ

En utilisant des méthodes de classification et d'organisation, vous pouvez déterminer vos priorités et vous concentrer sur les tâches les plus importantes. Cela vous permettra de travailler plus efficacement, d'améliorer votre motivation et votre conscience professionnelle, et d'atteindre vos objectifs professionnels plus rapidement.

En outre, il est important de garder à l'esprit que les priorités peuvent varier d'une journée à l'autre. Il est donc important de faire une évaluation régulière de vos priorités et de les ajuster en fonction des circonstances.

Se rappeler la motivation et la bonne conscience professionnelle sont des adjectifs clés pour maintenir une liste de priorités à jour. En ayant une vue d'ensemble de toutes les tâches à effectuer, vous pouvez garder une vue d'ensemble sur vos objectifs professionnels et ainsi travailler de manière plus efficace.

# Analyser vos habitudes de travail

L'analyse de vos habitudes de travail est essentielle pour comprendre comment vous travaillez et identifier les aspects de votre méthode de travail qui peuvent être améliorés. Cela peut vous aider à maximiser votre productivité et à réduire le stress. Pour analyser vos habitudes de travail, voici quelques étapes à suivre :

### 1. Gardez une trace de vos activités

La première étape pour analyser vos habitudes de travail consiste à garder une trace de vos activités pendant une journée ou une semaine.

Notez tout ce que vous faites, combien de temps cela prend et comment vous vous sentez durant que vous le faites. Cela peut vous aider à identifier les moments où vous êtes le plus productif et les moments où vous êtes le moins efficace.

## 2. Identifiez vos modèles

Une fois que vous avez gardé une trace de vos activités, analysez vos données pour identifier les modèles. Par exemple, remarquez-vous que vous êtes plus productif le matin ou l'après-midi ? Est-ce que vous procrastinez souvent ? Identifiez vos habitudes de travail pour comprendre comment vous pouvez les améliorer.

## 3. Identifiez les sources de distraction

Les distractions peuvent être un obstacle à votre productivité. Identifiez les sources de distraction dans votre environnement de travail, telles que les réseaux sociaux ou les appels téléphoniques non urgents. Ensuite, évaluez comment vous pouvez les éviter ou les réduire.

## 4. Évaluez vos objectifs

Réfléchissez à vos objectifs professionnels à court et à long terme. Analysez comment vous travaillez actuellement pour déterminer si vous êtes sur la bonne voie pour les atteindre. Si vous avez du mal à atteindre vos objectifs, réfléchissez à ce que vous pouvez faire pour améliorer votre méthode de travail.

## 5. Soyez honnête avec vous-même

Être honnête avec vous-même est important lorsque vous analysez vos habitudes de travail. Identifiez vos points forts et vos faiblesses et soyez prêt à changer les aspects de votre méthode de travail qui ne fonctionnent pas.

## Exemples :

*Jean est un employé de bureau qui a du mal à gérer son temps et à rester concentré. Il décide de garder une trace de ses activités pendant une semaine. Jean remarque qu'il passe beaucoup de temps à répondre aux* courriels et qu'il procrastine souvent lorsqu'il travaille sur des projets difficiles.

Après avoir analysé ses données, Jean identifie ses moments les plus productifs et les moments où il est le plus distrait. Il réalise qu'il est plus productif le matin et qu'il doit se concentrer sur les tâches les plus difficiles à ce moment-là. Il identifie également les sources de distraction dans son environnement de travail, telles que les notifications de messagerie instantanée, et décide de les désactiver pendant qu'il travaille.

Enfin, Jean évalue ses objectifs professionnels et réalise qu'il doit améliorer sa productivité s'il veut atteindre les objectifs qu'il s'est fixé. Pour y parvenir, il doit commencer par analyser ses habitudes de travail actuelles et identifier les sources de distraction et de stress qui peuvent l'empêcher de se concentrer sur les tâches les plus importantes. Ensuite, il peut développer une méthodologie de travail efficace en choisissant la technique d'organisation qui convient le mieux à ses besoins et en utilisant les outils appropriés, tels qu'un agenda ou une to-do list. Enfin, il doit rester motivé et suivre les bonnes pratiques pour maintenir sa productivité sur le long terme. En adoptant ces habitudes de travail, Jean sera mieux équipé pour réaliser ses objectifs professionnels et atteindre le succès dans sa carrière.

## Identifier les sources de stress

La gestion du stress est un élément clé de l'organisation au travail. Il est important de savoir identifier les sources de stress pour pouvoir les éliminer ou les atténuer. Dans cette section, nous allons vous donner des conseils pratiques pour identifier les sources de stress dans votre environnement de travail.

### 1. Évaluez votre environnement de travail

La première étape pour identifier les sources de stress est d'évaluer votre environnement de travail. Posez-vous des questions sur votre bureau, votre chaise, votre ordinateur et la disposition de votre espace de travail.

Est-ce que tout est ergonomique ? Est-ce que vous êtes confortablement installé ? Est-ce que l'éclairage est suffisant ? Ces questions peuvent sembler simples, mais un environnement de travail inconfortable peut être une source de stress insoupçonnée.

## 2. Déterminez vos priorités

La deuxième étape consiste à déterminer vos priorités. Essayez de faire une liste de toutes les tâches que vous devez accomplir et classez-les par ordre d'importance. Demandez-vous si toutes ces tâches sont réellement nécessaires. D'une façon ou d'une autre, pouvez-vous déléguer certaines tâches à d'autres membres de l'équipe ou les reporter à plus tard. En clarifiant vos priorités, vous pouvez réduire votre niveau de stress en vous concentrant sur les tâches les plus importantes.

## 3. Analysez vos habitudes de travail

La troisième étape est d'analyser vos habitudes de travail. Êtes-vous efficaces en début de journée ou préférez-vous travailler tard le soir ? Avez-vous tendance à procrastiner ou à travailler sur plusieurs tâches à la fois ? Prenez le temps d'analyser vos habitudes de travail pour mieux comprendre vos points forts et vos faiblesses. En connaissant vos habitudes de travail, vous pouvez adapter votre emploi du temps pour mieux gérer votre stress.

## 4. Identifiez les sources de vos stress

La quatrième étape est d'identifier les sources de stress dans votre environnement de travail. Les sources de stress peuvent être multiples et variées. Voici quelques exemples :

- **Les délais serrés** : Les délais peuvent être une source de stress importante, surtout si vous avez beaucoup de travail à faire en peu de temps.

- **La charge de travail :** Une charge de travail trop importante peut également être stressante. Essayez de déléguer certaines tâches ou de demander de l'aide si vous êtes surchargé.

- **<u>Les conflits interpersonnels</u>** : Les conflits avec les collègues ou les supérieurs hiérarchiques peuvent être une source de stress importante. Essayez de résoudre les conflits dès qu'ils se présentent.

- **<u>Le manque de soutien</u>** : Si vous vous sentez seul ou isolé au travail, cela peut être une source de stress. Essayez de vous connecter avec d'autres collègues ou de demander de l'aide à votre supérieur hiérarchique.

- **<u>Les tâches ennuyeuses</u>** : Les tâches ennuyeuses peuvent aussi être une source de stress.

# Faire un bilan régulier

Avant de commencer, je tiens à souligner l'importance de faire un bilan régulier de son organisation. Cela permet de maintenir une bonne conscience professionnelle et de rester motivé, car on sait que l'on est sur la bonne voie. Le bilan régulier aide également à identifier les zones à améliorer, à éviter la surcharge de travail, et à mieux gérer son temps.

## LE SAVIEZ-VOUS ?

Le célèbre écrivain français Victor Hugo était connu pour son organisation rigoureuse. Il avait pour habitude de fixer des heures précises pour chaque activité de la journée, et de travailler à la même table tous les jours.

Voici donc quelques étapes clés pour faire un bilan régulier efficace :

## 1. Déterminez la fréquence du bilan

Le bilan régulier doit être effectué à des intervalles réguliers pour être efficace. Cela peut être hebdomadaire, mensuel ou trimestriel, selon votre rythme de travail. Cela vous permettra de suivre vos progrès, de repérer les tendances et de voir si vous êtes sur la bonne voie.

*Conseil d'Émoji : utilisez l'émoji calendrier pour rappeler l'importance d'un bilan régulier et se souvenir d'une date ou des tâches importantes.*

### 2. Évaluez votre environnement de travail

Le premier pas pour faire un bilan régulier est de vous poser des questions sur votre environnement de travail. Est-ce que vous disposez de tout ce dont vous avez besoin pour travailler efficacement ? Est-ce que votre espace de travail est bien organisé et adapté à vos besoins ? Prenez le temps de bien réfléchir à ces questions pour pouvoir apporter les améliorations nécessaires.

*Conseil d'Émoji : utilisez l'émoji valise pour rappeler l'importance de bien préparer votre environnement de travail.*

### 3. Déterminez vos priorités

Une fois que vous avez évalué votre environnement de travail, vous devez vous poser la question de vos priorités. Quelles sont les tâches les plus importantes à accomplir ? Est-ce que certaines tâches peuvent être déléguées ou reportées ? Déterminez vos priorités pour pouvoir mieux gérer votre temps.

*Conseil d'Émoji : utilisez l'émoji œil pour rappeler l'importance de bien déterminer vos priorités.*

### 4. Analysez vos habitudes de travail

Une des étapes les plus importantes du bilan régulier est d'analyser vos habitudes de travail. Comment travaillez-vous ? Est-ce que vous utilisez votre temps de manière efficace ? Est-ce que vous avez tendance à procrastiner ? Identifiez vos habitudes de travail pour pouvoir les corriger si besoin.

*Conseil d'Émoji : utilisez l'émoji sablier pour rappeler l'importance de bien analyser vos habitudes de travail afin de vous donner une estimation de temps que va prendre une ou plusieurs tâches.*

## 5. Identifiez les sources de stress

Le stress peut être un facteur important qui peut nuire à votre productivité et à votre santé mentale. Identifiez les sources de stress dans votre environnement de travail et essayez de les éliminer. Cela peut être des délais serrés, une charge de travail trop importante, des collègues difficiles, etc.

*Conseil d'Émoji : utilisez l'émoji visage fatigué pour vous représenter si vous avez tendance à vous épuiser facilement.*

Faire un bilan régulier est essentiel pour maintenir une organisation optimale et pour rester motivé et inspiré. Fixez une fréquence pour votre bilan, évaluez vos objectifs, vos tâches et votre état d'esprit, et apportez les ajustements nécessaires pour continuer à progresser. Avec une bonne organisation et un bilan régulier, vous pourrez atteindre vos objectifs professionnels et maintenir une bonne conscience professionnelle.

### Exemple :

*Imaginons que vous soyez en entreprise mais que vous prévoyiez une absence le lundi. Il est essentiel de pouvoir communiquer avec vos collègues et votre patron de manière différée. Vous pouvez planifier un e-mail à 8h05 pour informer Nicolas de l'arrivée d'un colis. De même, vous pouvez planifier des e-mails pour demander les derniers chiffres de vente aux commerciaux avant une réunion, afin de réduire le stress et de vous permettre d'avancer sur d'autres tâches en attendant les réponses.*

*La planification d'e-mails est également bénéfique lorsque vous êtes en congé. En ayant suffisamment d'e-mails planifiés pour gérer vos activités quotidiennes et hebdomadaires, vous maintiendrez une certaine productivité même pendant votre absence. Ainsi, vous pourrez continuer à travailler automatiquement, sans avoir à vous soucier de l'impact de votre absence sur les tâches en cours.*

---

*"Il n'y a pas de vent favorable pour celui qui ne sait pas où il va."*
**Sénèque**

---

# CHAPITRE 3 : DÉVELOPPER UNE MÉTHODOLOGIE DE TRAVAIL EFFICACE

Maintenant que vous avez fait le point sur votre propre organisation, il est temps de passer à l'étape suivante : développer une méthodologie de travail efficace. Cela implique de trouver des techniques et des outils qui vous aideront à gérer votre temps et vos tâches de manière plus productive et plus efficace.

Dans ce chapitre, nous allons explorer les différentes méthodes d'organisation existantes, telles que la méthode GTD et la méthode Pomodoro, ainsi que les outils les plus utiles pour mieux s'organiser, tels que les agendas et les listes de tâches. Nous aborderons également les critères à prendre en compte pour choisir la méthode la plus adaptée à votre travail.

Enfin, nous vous donnerons des astuces pour développer une méthodologie de travail efficace et pérenne qui vous permettra de rester productif à long terme. En combinant ces techniques avec une bonne gestion du temps et de la concentration, vous serez en mesure d'accomplir plus de tâches de manière plus efficace, tout en évitant les sources de stress et de surmenage.

Préparez-vous à découvrir des astuces qui changeront votre manière de travailler et vous aideront à optimiser votre productivité !

# Les différentes techniques d'organisation

Dans ce chapitre, nous allons explorer différentes techniques d'organisation pour vous aider à développer une méthodologie de travail efficace. Nous allons examiner deux des méthodes les plus populaires : la méthode GTD et la méthode Pomodoro.

## La méthode GTD

La méthode GTD, ou "Getting Things Done", a été développée par David Allen. Cette méthode repose sur la notion que la meilleure façon de gérer notre vie professionnelle est de libérer notre esprit de toutes les tâches à accomplir en les mettant par écrit et en les organisant. La méthode GTD se divise en cinq étapes :

- **Collecter :** rassemblez toutes les tâches et les idées qui vous viennent à l'esprit.

- **Traiter :** examinez chaque tâche et déterminez s'il s'agit d'une action, d'un projet ou d'une information.

- **Organiser :** organisez chaque tâche ou projet en fonction de son niveau de priorité et de la date d'échéance.

- **Réviser :** examinez régulièrement votre liste de tâches et modifiez-la en fonction des changements de priorités.

- **Agir :** agissez sur chaque tâche en fonction de son importance et de son niveau de priorité.

Voici un exemple de mise en pratique de la méthode GTD :

*Supposons que vous ayez une réunion importante la semaine prochaine et que vous ayez besoin de préparer une présentation. Vous pouvez utiliser la méthode GTD en notant toutes les tâches liées à cette présentation, telles que la recherche de données, la préparation des diapositives, la répétition de la présentation, etc. Une fois que toutes les tâches ont été rassemblées, vous pouvez les organiser en fonction de leur priorité et de la date d'échéance, puis agir sur chacune d'elles en temps voulu.*

## La méthode Pomodoro

La méthode Pomodoro est une technique de gestion du temps développée par Francesco Cirillo dans les années 1980. Cette méthode consiste à diviser le temps de travail en blocs de 25 minutes, appelés "Pomodoros", suivis d'une courte pause de 5 minutes. Cette technique est censée améliorer la concentration et la productivité, en réduisant les distractions et en aidant à gérer la fatigue mentale.

**LE SAVIEZ-VOUS ?**

La méthode Pomodoro, inventée dans les années 1980 par l'italien Francesco Cirillo, consiste à travailler par intervalles de 25 minutes, entrecoupés de courtes pauses.

Voici comment la méthode Pomodoro fonctionne en pratique :

- Choisissez une tâche à accomplir.
- Lancez un minuteur pour une période de 25 minutes.
- Travaillez sur la tâche jusqu'à ce que le minuteur sonne.
- Prenez une courte pause de cinq minutes.
- Répétez le processus pour quatre "Pomodoros" successifs.
- Prenez une pause plus longue de 15 à 30 minutes.

Voici un exemple de mise en pratique de la méthode Pomodoro :

*Supposons que vous ayez une tâche de rédaction à accomplir. Vous pouvez définir une période de 25 minutes pour travailler sur cette tâche, en vous concentrant uniquement sur la rédaction sans aucune distraction.*

# Comment choisir la méthode la plus adaptée à son travail ?

Le choix de la méthode d'organisation la plus adaptée à son travail est essentiel pour une productivité optimale. En effet, il existe de nombreuses méthodes d'organisation différentes, chacune avec ses avantages et ses inconvénients. Il est donc essentiel de choisir celle qui convient le mieux à son travail et à sa personnalité.

Tout d'abord, il faut savoir déterminer ses besoins et ses objectifs. Par exemple, si vous avez beaucoup de tâches à accomplir dans une journée, vous aurez besoin d'une méthode qui vous permet de gérer efficacement votre temps. Si vous êtes facilement distrait, vous aurez besoin d'une méthode qui vous aide à rester concentré sur votre travail.

**Il existe de nombreuses méthodes d'organisation différentes, chacune avec ses avantages et ses inconvénients. Voici quelques-unes des plus populaires :**

- **La méthode GTD (Getting Things Done)**

Cette méthode est basée sur la capture de toutes les tâches, idées et projets dans un système d'organisation fiable. Elle permet de clarifier les priorités et de gérer efficacement son temps.

- **La méthode Pomodoro**

Cette méthode consiste à travailler sur une tâche pendant une période de 25 minutes, suivie d'une courte pause de cinq minutes. Elle permet de rester concentré sur une tâche donnée et d'éviter la procrastination.

- **La méthode Eisenhower**

Cette méthode permet de trier les tâches en fonction de leur importance et de leur urgence. Elle permet de déterminer rapidement les tâches qui nécessitent une action immédiate et celles qui peuvent être reportées.

- **La méthode Kanban**

Cette méthode permet de visualiser l'avancement des tâches à l'aide d'un tableau Kanban. Elle permet de voir rapidement ce qui a été accompli et ce qui reste à faire.

Chaque méthode a ses avantages et ses inconvénients. Il est donc important de trouver celle qui convient le mieux à son travail et à sa personnalité, vous pouvez l'adapter selon votre manière de vous arranger ou organiser au travail.

**Pour choisir la méthode d'organisation la plus adaptée à son travail, il est important de prendre en compte les éléments suivants :**

★ **Les objectifs à atteindre**

Il faut déterminer les objectifs à atteindre et les tâches à accomplir pour choisir la méthode d'organisation la plus adaptée à son travail. Si vous avez des tâches qui ont des échéances strictes, vous aurez besoin d'une méthode qui vous permet de gérer efficacement votre temps.

★ **Les habitudes de travail**

Il faut également prendre en compte vos habitudes de travail pour choisir la méthode d'organisation la plus adaptée à votre travail. Si vous êtes facilement distrait, vous aurez besoin d'une méthode qui vous aide à rester concentré sur votre travail.

★ **La complexité du travail**

Il est nécessaire de prendre en compte la complexité de votre travail pour choisir la méthode d'organisation la plus adaptée à votre travail. Si vous avez un travail complexe qui nécessite beaucoup de réflexion, vous aurez besoin d'une méthode qui vous permet de vous concentrer sur une tâche donnée.

★ **Les outils disponibles**

Les outils disponibles peuvent grandement influencer la méthode d'organisation que vous choisissez. Par exemple, si vous utilisez un ordinateur, vous pouvez opter pour des outils de gestion de tâches tels que Todoist ou Trello. Si vous préférez travailler avec un agenda papier, vous pouvez utiliser la méthode de bullet journaling.

Prenez en compte des outils dont vous disposez et choisissez une méthode qui s'adapte à ces derniers. De plus, n'hésitez pas à tester différentes méthodes et outils pour trouver celui qui convient le mieux à votre style de travail.

# Les outils pour mieux s'organiser

Dans cette section, nous allons voir les différents outils qui peuvent être utilisés pour mieux s'organiser au travail. Ces outils vous aideront à mieux planifier vos tâches, à éviter les oublis et à rester concentré sur ce qui est important.

## 1. Google forms

Google Forms est un outil simple et efficace pour automatiser les tâches et améliorer votre organisation au travail. Créez des formulaires personnalisés pour collecter des données, organiser des sondages ou des inscriptions. Les réponses sont automatiquement enregistrées dans une feuille de calcul, ce qui facilite leur gestion. Profitez de cet outil pratique pour gagner du temps et optimiser vos processus professionnels.

***Conseil :*** *Utilisez les fonctionnalités avancées de Google Forms, telles que les règles de validation et les questions conditionnelles, pour obtenir des réponses précises et pertinentes.*

## 2. Agenda

L'agenda est un outil indispensable pour toute personne qui souhaite mieux s'organiser. Il permet de planifier ses rendez-vous et ses tâches, de noter les dates importantes et de se rappeler ce qu'il faut faire.

Il existe de nombreux types d'agenda : papier, électronique, etc. Il est important de choisir un agenda qui correspond à vos habitudes et à votre mode de travail.

***Conseil*** *: Utilisez un agenda qui vous convient et qui vous donne envie de l'utiliser. Cela vous permettra de mieux planifier vos tâches et d'avoir une bonne conscience professionnelle.*

### 3. <u>To-do list</u>

La to-do list est un autre outil très utile pour mieux s'organiser. Elle permet de lister toutes les tâches que vous devez accomplir et de les classer par ordre de priorité. La to-do list vous permet de rester concentré sur les tâches les plus importantes et de ne pas perdre de temps sur des tâches moins prioritaires.

***Conseil*** *: Utilisez une to-do list pour lister toutes les tâches que vous devez accomplir et classer celles-ci par ordre de priorité. Cela vous permettra de mieux gérer votre temps et d'être plus productif.*

### 4. <u>Outils de gestion de projet</u>

Les outils de gestion de projet sont des logiciels qui permettent de mieux gérer les projets et les tâches en équipe. Ils permettent de planifier les différentes étapes d'un projet, de répartir les tâches entre les membres de l'équipe et de suivre l'avancement du projet en temps réel. Il existe de nombreux outils de gestion de projet, tels que Trello, Asana ou encore Monday.com.

***Conseil*** *: Utilisez un outil de gestion de projet si vous travaillez en équipe ou si vous avez des projets complexes à gérer. Cela vous permettra de mieux coordonner les tâches et d'être plus efficace dans votre travail.*

### 5. <u>Application de bloc-notes</u>

Les applications de bloc-notes sont des outils qui vous permettent de prendre des notes rapidement et de les retrouver facilement. Ils sont très utiles pour noter des idées, des informations importantes ou des tâches à accomplir. Il existe de nombreuses applications de bloc-notes, telles que Evernote, OneNote ou encore Google Keep.

**_Conseil_** : *Utilisez une application de bloc-notes pour prendre des notes rapidement et retrouver aisément des informations importantes. Cela vous permettra de mieux vous concentrer sur votre travail et d'être plus productif.*

En utilisant ces différents outils, vous pourrez mieux vous organiser et être plus productif au travail. Il est important de choisir les outils qui conviennent le mieux à votre mode de travail et à vos habitudes.

**Exemples d'utilisation :**
*Prenons l'exemple de Marie, qui travaille en tant que chef de projet dans une entreprise de design. Elle a de multiples projets en cours et une liste interminable de tâches à accomplir chaque jour. Marie se sent souvent dépassée et a du mal à hiérarchiser ses tâches.*

*C'est là qu'un agenda et une to-do list peuvent s'avérer très utiles. Marie utilise un agenda pour planifier ses réunions et ses rendez-vous importants, ainsi que pour bloquer des créneaux horaires pour travailler sur des projets spécifiques. Elle utilise également une to-do list pour énumérer toutes les tâches qu'elle doit accomplir chaque jour et pour les classer par ordre de priorité. Cela lui permet de voir clairement ce qu'elle doit faire et de s'assurer qu'elle n'oublie rien d'important.*

*Marie a ainsi découvert la méthode Pomodoro, qui consiste à travailler pendant 25 minutes d'affilée, suivies de 5 minutes de pause, puis à répéter le cycle plusieurs fois. Elle utilise une application de minuterie Pomodoro pour l'aider à rester concentrée et à maximiser son temps de travail.*

*Enfin, Marie a commencé à utiliser des outils de gestion de projet en ligne, tels que Trello ou Asana, pour collaborer avec son équipe et suivre l'avancement des projets en temps réel.*

*Grâce à ces outils, Marie a réussi à améliorer considérablement son organisation et sa productivité. Elle se sent plus en contrôle de son travail et est moins stressée qu'auparavant. Elle est par ailleurs plus satisfaite de la qualité de son travail, car elle peut maintenant consacrer plus de temps aux tâches les plus importantes et les plus complexes.*

## 6. Rescue Time

RescueTime est un outil conçu pour aider les individus à mieux s'organiser au travail en suivant et en analysant leur productivité. Il fonctionne en arrière-plan sur votre ordinateur ou votre appareil mobile pour collecter des données sur la façon dont vous utilisez votre temps.

**Voici comment RescueTime peut vous aider à améliorer votre productivité et à mieux vous organiser :**

- **Suivi automatique du temps :** RescueTime enregistre automatiquement le temps que vous passez sur différentes applications, sites web et tâches. Cela vous permet d'avoir une vue d'ensemble précise de la façon dont vous utilisez votre temps tout au long de la journée.

- **Catégorisation des activités :** RescueTime catégorise automatiquement vos activités en fonction de leur nature, par exemple, travail, communication, réseaux sociaux, divertissement, etc. Cela vous permet de comprendre où vous passez la majeure partie de votre temps et d'identifier les domaines où vous pourriez être moins productif.

- **Rapports et analyses détaillés :** RescueTime génère des rapports détaillés qui vous montrent comment vous avez utilisé votre temps sur différentes périodes. Vous pouvez voir des graphiques et des diagrammes qui mettent en évidence vos habitudes de productivité, les sites ou les applications les plus utilisés, et même la comparaison entre vos objectifs et vos réalisations.

- **Définir des objectifs et des rappels :** Vous pouvez fixer des objectifs de temps pour des activités spécifiques et RescueTime vous enverra des rappels pour vous aider à rester concentré sur ces objectifs. Par exemple, si vous voulez passer moins de temps sur les réseaux sociaux, vous pouvez définir un objectif quotidien et RescueTime vous rappellera de vous recentrer lorsque vous dépassez cette limite.

## Exemple d'utilisation :

*Supposons que vous travaillez sur un projet important avec une échéance proche. Vous utilisez RescueTime pour suivre votre temps et vous réalisez que vous passez beaucoup de temps sur les réseaux sociaux et d'autres distractions. En analysant les rapports générés par RescueTime, vous identifiez ces habitudes contre-productives et décidez de fixer des objectifs pour limiter votre temps sur ces sites.*

---

*"L'organisation ne suffit pas, il faut aussi savoir improviser."*
**Antoine de Saint-Exupéry**

# CHAPITRE 4 : GÉRER SON TEMPS EFFICACEMENT

La gestion du temps est un élément clé de l'organisation au travail. Nous avons tous des journées chargées avec de multiples tâches et obligations, et il peut être difficile de savoir où donner de la tête. C'est pourquoi la gestion du temps est essentielle pour rester productif et atteindre ses objectifs professionnels.

Dans ce chapitre, nous allons explorer les différentes techniques et astuces pour une gestion efficace de votre temps de travail. Nous verrons comment planifier vos journées en fonction des différents types de tâches et comment faire face aux imprévus. Nous aborderons également les sources de distraction courantes et comment les éviter pour rester concentré sur vos tâches prioritaires.

Enfin, nous vous donnerons des conseils pour maintenir votre productivité sur le long terme en évitant la procrastination et en maintenant votre motivation.

Prêt à optimiser votre temps de travail ? Alors, allons-y !

# Les différents types de tâches et leur importance

Pour mieux gérer votre temps de travail, il est important de bien comprendre les différents types de tâches qui composent votre journée de travail. En effet, certaines tâches sont plus importantes que d'autres et nécessitent donc plus de temps et d'attention. Il est donc important de savoir identifier ces tâches pour mieux planifier votre journée et être plus productif. Dans cette section, nous allons vous présenter les différents types de tâches que vous pouvez rencontrer au travail ainsi que leur importance respective.

## Les tâches importantes et urgentes

Les tâches importantes et urgentes sont celles qui ont un impact immédiat sur votre travail ou sur celui de votre équipe. Il s'agit généralement des tâches qui ont une date limite très proche et qui nécessitent une action rapide. Elles peuvent avoir des conséquences positives ou négatives sur votre travail et votre entreprise.

**Exemples de tâches importantes et urgentes :** *répondre à un e-mail urgent, régler un problème technique important, préparer une présentation pour une réunion qui a lieu dans quelques heures.*

**Conseils pour gérer les tâches importantes et urgentes :** *pour gérer ce type de tâches, il est important de les identifier rapidement et de les traiter en priorité. Utilisez des outils comme un agenda ou une to-do list pour planifier votre journée et noter ces tâches en haut de votre liste de priorités.*

## Les tâches importantes, mais non urgentes

Les tâches importantes, mais non urgentes, sont celles qui ont un impact à long terme sur votre travail ou sur celui de votre équipe. Elles sont importantes pour atteindre vos objectifs professionnels à moyen ou long terme et nécessitent donc une attention particulière.

Les tâches importantes, mais non urgentes, ont généralement des conséquences positives sur votre travail et votre entreprise.

**Exemples de tâches importantes, mais non urgentes :** *la recherche de nouveaux clients, la formation professionnelle, l'amélioration de votre réseau professionnel.*

**Conseils pour gérer les tâches importantes, mais non urgentes :** *pour gérer ce type de tâches, il est important de planifier du temps régulier dans votre emploi du temps pour les traiter. Utilisez un agenda ou une to-do list pour noter ces tâches et planifiez des plages horaires pour les réaliser.*

## Les tâches urgentes, mais peu importantes

Les tâches urgentes, mais peu importantes, sont celles qui nécessitent une action rapide, mais qui ont un impact limité sur votre travail ou sur celui de votre équipe. Il s'agit souvent de tâches administratives ou de routine qui doivent être effectuées rapidement, mais qui ne sont pas prioritaires.

**Exemples de tâches urgentes, mais peu importantes :** *remplir un formulaire administratif, trier ses e-mails, classer ses documents.*

**Conseils pour gérer les tâches urgentes, mais peu importantes :** *Pour gérer ce type de tâches, il est important de faire preuve de discernement et de prioriser en fonction de l'urgence et de l'importance réelle de la tâche. Il convient de définir ce qui est réellement urgent et ce qui ne l'est pas. Une tâche peut sembler urgente, mais en réalité, elle peut être reportée sans conséquences graves. Pour ce faire, vous pouvez utiliser la matrice d'Eisenhower, qui consiste à classer les tâches en fonction de leur urgence et de leur importance.*

Pour gérer les tâches urgentes, mais peu importantes, il est important de faire preuve de discernement et de prioriser en fonction de l'urgence et de l'importance réelle de la tâche. Il est également possible de regrouper ces tâches, de les déléguer ou de les éviter en amont en identifiant et en éliminant les causes sous-jacentes.

# Comment planifier ses journées de travail ?

La planification est essentielle pour une gestion efficace du temps. Elle permet de structurer les tâches à accomplir, de suivre leur progression et d'éviter les oublis. Mais comment planifier ses journées de travail de manière optimale ? Voici quelques astuces.

Tout d'abord, il faut choisir les outils qui vous conviennent le mieux pour planifier vos journées de travail. L'agenda électronique est un outil très pratique pour suivre l'évolution de vos tâches. Il vous permet de programmer des rendez-vous, de fixer des deadlines et de gérer les tâches récurrentes. Les to-do lists, quant à elles, sont très utiles pour énumérer les tâches à accomplir. Elles permettent de visualiser les tâches importantes et les tâches moins prioritaires et de les hiérarchiser en conséquence.

## LE SAVIEZ-VOUS ?

Au Japon, la méthode Kaizen (qui signifie "amélioration continue") est utilisée depuis les années 1950 pour optimiser l'organisation du travail dans les entreprises. Cette méthode consiste à encourager chaque employé à proposer des idées d'amélioration, afin d'optimiser les processus et d'augmenter la productivité.

Cependant, choisir le bon outil ne suffit pas. Il faut également l'utiliser de manière judicieuse. Pour une utilisation efficace de l'agenda, planifiez vos rendez-vous à des moments où vous êtes le plus productif. Ainsi, vous maximiserez votre temps de travail et réduirez les temps morts. Pour les to-do lists, énumérez les tâches selon leur priorité et leur urgence. Ensuite, choisissez deux ou trois tâches prioritaires que vous devez absolument accomplir pendant la journée. Ne surchargez pas votre liste de tâches pour éviter de vous décourager.

Pour mieux illustrer ces astuces, voici un exemple de planification d'une journée de travail. Admettons que vous soyez un travailleur indépendant qui travaille à domicile. Vous avez une liste de tâches à accomplir, notamment la rédaction d'un rapport pour un client, la réponse à des e-mails professionnels et la mise à jour de votre site web.

Voici comment vous pouvez planifier votre journée :

- ★ **8 h 00-9 h 00** : Réponse aux e-mails urgents
- ★ **9 h 00-10 h 30** : Rédaction du rapport pour le client
- ★ **10 h 30-10 h 45** : Pause-café
- ★ **10 h 45-11 h 30** : Mise à jour du site web
- ★ **11 h 30-12 h 30** : Déjeuner
- ★ **12 h 30-13 h 30** : Réponse aux e-mails professionnels
- ★ **13 h 30-14 h 30** : Tâche administrative
- ★ **14 h 30-14 h 45** : Pause
- ★ **14 h 45-15 h 30** : Suivi de projet en cours
- ★ **15 h 30-16 h 00** : Rangement du bureau et fin de la journée

Cette planification de journée permet de planifier chaque tâche en fonction de sa priorité et de son urgence. Elle permet également de ménager des pauses pour éviter la fatigue mentale et physique. Enfin, elle permet de finir la journée de manière positive en rangeant le bureau et en se préparant pour le lendemain.

Il est essentiel de savoir comment gérer les imprévus qui peuvent surgir dans une journée de travail bien planifiée. Pour éviter de vous laisser submerger par les urgences, vous pouvez prévoir une plage horaire dans votre emploi du temps pour les imprévus. Cette plage doit être flexible et vous permettre de reporter une tâche moins importante en cas d'urgence.

De plus, il est nécessaire d'apprendre à dire non lorsque cela est nécessaire. Si une tâche urgente est proposée à la dernière minute, demandez-vous si elle est vraiment essentielle ou si elle peut être reportée à plus tard. En disant non aux tâches qui ne sont pas prioritaires, vous pouvez vous concentrer sur celles qui sont les plus importantes pour votre travail.

Enfin, il est essentiel de rester flexible et adaptable. Il se peut que certains jours, vous ne puissiez pas terminer toutes les tâches que vous aviez prévues en raison de circonstances imprévues. Dans ce cas, il faut toujours rester courageux et s'adapter en conséquence en reportant les tâches non essentielles à un autre jour.

En suivant ces conseils, vous pouvez gérer les imprévus de manière efficace tout en restant productif et en gardant une bonne conscience professionnelle.

## Exemple :

*Sophie était une professionnelle occupée qui jonglait avec de nombreuses tâches et responsabilités. Pour gérer son temps efficacement, elle avait adopté une approche structurée. Chaque matin, elle dressait une liste de ses tâches, en les classant en fonction de leur importance et de leur urgence.*

*Un jour, alors qu'elle était plongée dans un projet important, Sophie reçut un appel urgent d'un collègue qui avait besoin d'aide pour résoudre un problème. Sachant que la tâche de son collègue était importante, mais non urgente pour elle, Sophie décida de mettre en pratique sa stratégie de gestion du temps.*

*Elle termina rapidement la tâche sur laquelle elle travaillait, prit quelques minutes pour aider son collègue, puis revint immédiatement à sa propre liste de tâches. Sophie était consciente que se laisser distraire par des tâches non urgentes pouvait compromettre sa productivité et retarder ses propres projets.*

*Pour maintenir sa concentration, elle utilisa une technique appelée "pomodoro". Elle travaillait intensément pendant 25 minutes, puis faisait une courte pause de 5 minutes pour se détendre. Cette méthode l'aidait à rester focalisée et lui permettait de réaliser ses tâches de manière plus efficace.*

*En gérant ses imprévus de manière organisée et en utilisant des techniques de concentration, Sophie parvint à maintenir un niveau optimal de performance au travail. Elle termina ses tâches importantes à temps et était capable de se consacrer pleinement à chaque tâche sans se laisser distraire.*

# Comment gérer les imprévus ?

La gestion des imprévus peut être un défi de taille pour tout professionnel occupé.

Des interruptions constantes, des changements de dernière minute et des urgences inattendues peuvent facilement faire dérailler une journée de travail bien planifiée. Cependant, il existe des techniques et des outils pour vous aider à gérer les imprévus de manière efficace et maintenir votre productivité.

Pour commencer, il est nécessaire d'avoir un système de planification solide en place. Cela peut inclure des outils tels qu'un agenda électronique ou papier, une liste de tâches quotidienne et des rappels automatiques. Lorsque vous planifiez votre journée, n'oubliez pas d'inclure des temps tampons pour les imprévus. Cela vous permettra de vous adapter rapidement aux changements sans vous sentir submergé.

Choisissez des outils de planification qui conviennent le mieux à votre style de travail et qui vous permettent de rester organisé. Si vous êtes une personne visuelle, vous pouvez utiliser un tableau blanc pour suivre vos projets et vos tâches. Si vous êtes plus à l'aise avec la technologie, il existe des applications de gestion de projet et de suivi du temps qui peuvent vous aider à rester sur la bonne voie.

Une autre façon de gérer les imprévus est d'apprendre à dire "non". Si vous avez déjà une charge de travail importante, il peut être difficile de répondre aux demandes supplémentaires. Si possible, établissez des limites claires avec les personnes qui vous sollicitent pour éviter de vous surcharger.

Enfin, apprenez à être flexible. Les imprévus peuvent être stressants, mais ils peuvent aussi être une opportunité de changer de rythme ou de faire preuve de créativité dans la gestion des problèmes. Restez ouvert d'esprit et apprenez à voir les imprévus comme une chance de développer votre capacité d'adaptation.

*Par exemple, imaginons que vous travaillez sur un projet important qui doit être terminé à la fin de la semaine. Tout à coup, votre patron vous demande de travailler sur une tâche urgente qui nécessite votre attention immédiate. Au lieu de paniquer, prenez une profonde respiration et évaluez la situation. Demandez à votre patron combien de temps cette tâche devrait prendre et si elle peut être repoussée. Ensuite, examinez votre calendrier et voyez si vous pouvez repousser certaines de vos autres tâches pour consacrer du temps à la tâche urgente.*

La gestion des imprévus est une compétence importante pour tout professionnel occupé. Avec un système de planification solide, la capacité de dire "non" et une attitude flexible, vous pouvez gérer efficacement les imprévus et maintenir votre productivité. Rappelez-vous, les imprévus peuvent être stressants, mais ils peuvent aussi être une opportunité de développer vos compétences en matière d'adaptation et de créativité.

**Conseils pour avoir une vision claire des priorités pour la journée suivante :**

> *"La persévérance est la clé du succès."*
>
> *Victor Hugo*

# CHAPITRE 5 : ÉVITER LES DISTRACTIONS ET RESTER CONCENTRÉ

Nous vivons dans un monde dans lequel les distractions sont omniprésentes, et cela peut rendre difficile la tâche de rester concentré au travail. Les emails, les notifications sur les réseaux sociaux, les conversations des collègues, la musique de fond, les appels téléphoniques et même notre propre procrastination peuvent nous éloigner de nos objectifs professionnels.

Dans ce chapitre, nous allons découvrir les sources de distraction les plus courantes et les astuces pour les éviter. Nous aborderons également des techniques pour rester concentré sur une tâche donnée et comment gérer efficacement les interruptions imprévues. En appliquant ces conseils, vous pourrez améliorer votre concentration et votre productivité au travail.

Il est essentiel de se rappeler que l'objectif n'est pas d'éliminer toutes les distractions, mais plutôt de les gérer de manière à pouvoir se concentrer sur les tâches les plus importantes et les plus urgentes. Avec les astuces et techniques que nous allons explorer dans ce chapitre, vous serez en mesure de mieux contrôler votre environnement de travail et de maximiser votre efficacité.

# Les sources de distraction les plus courantes

Pour être productif au travail, il est essentiel de savoir comment éviter les distractions. Les distractions sont partout, et elles peuvent souvent nous empêcher de nous concentrer et d'accomplir ce que nous avons à faire. Dans ce chapitre, nous allons passer en revue les sources de distraction les plus courantes et vous donner des astuces pour les éviter.

## LES SOURCES DE DISTRACTION LES PLUS COURANTES :

- **Les réseaux sociaux et la messagerie instantanée**

Les réseaux sociaux comme Facebook, Instagram, Twitter, et la messagerie instantanée comme WhatsApp, Telegram, Slack, etc. sont des sources de distraction très courantes. Il est facile de se perdre dans la lecture de publications ou dans une conversation en ligne, ce qui peut rapidement prendre une grande partie de notre temps de travail.

- **Les appels téléphoniques**

Les appels téléphoniques, qu'ils soient personnels ou professionnels, sont une autre source de distraction courante. Bien qu'ils soient souvent nécessaires, ils peuvent interrompre notre travail et nous empêcher de nous concentrer.

- **Les collègues de travail**

Les collègues de travail sont également une source de distraction courante. Les conversations, les interruptions et les demandes peuvent tous affecter notre productivité. Bien qu'il soit important de communiquer avec nos collègues, il est essentiel de trouver un équilibre entre la communication et la concentration sur notre travail.

- **Les e-mails**

Les e-mails sont une autre source de distraction courante. Il est simple de se perdre dans sa boîte de réception et de perdre du temps à lire et à répondre aux e-mails qui ne sont pas urgents.

- **Les réunions**

Les réunions peuvent être une source de distraction, surtout si elles sont mal organisées et si elles ne sont pas nécessaires. Les réunions peuvent fréquemment prendre beaucoup de temps et interrompre le travail productif.

## LES ASTUCES POUR ÉVITER LES DISTRACTIONS :

Maintenant que nous avons passé en revue les sources de distraction les plus courantes, voici quelques astuces pour les éviter :

★ **Limitez votre temps sur les réseaux sociaux et la messagerie instantanée**

Déterminez une période dédiée pour consulter vos réseaux sociaux ou votre messagerie instantanée et limitez le temps que vous y passez. Vous pouvez également désactiver les notifications pour éviter les interruptions.

★ **Planifiez vos appels téléphoniques**

Planifiez vos appels téléphoniques en fonction de votre emploi du temps pour éviter qu'ils ne vous interrompent pendant votre travail. Si possible, utilisez la messagerie instantanée ou les e-mails pour communiquer avec vos collègues.

★ **Trouvez un endroit calme pour travailler**

Trouvez un endroit calme pour travailler où vous pouvez vous concentrer sans être interrompu par vos collègues. Vous pouvez utiliser des écouteurs ou des bouchons d'oreille pour vous aider à vous concentrer.

★ **Gérez votre boîte de réception efficacement**

Gérez votre boîte mail avec efficacité grâce à ces astuces.

★ **Désabonnez-vous des newsletters inutiles**

Si vous recevez des newsletters ou des e-mails promotionnels que vous ne lisez jamais, désabonnez-vous simplement. Cela vous permettra de réduire le nombre d'e-mails inutiles dans votre boîte mail.

En suivant ces astuces simples, vous pourrez gérer efficacement votre boîte mail et éviter de vous laisser submerger par les e-mails.

# Les astuces pour éviter les distractions

Au travail, les distractions peuvent survenir de différentes manières, que ce soit des notifications sur votre téléphone, des conversations bruyantes de collègues, ou encore des emails qui demandent votre attention. Ces distractions peuvent réduire votre concentration et donc affecter votre productivité. Dans cette section, nous allons vous donner quelques astuces pour éviter les distractions au travail.

## 1. Éteindre les notifications

Les notifications sur votre téléphone ou votre ordinateur peuvent souvent être la source de distraction la plus fréquente. Ainsi, l'une des astuces les plus efficaces pour éviter les distractions est d'éteindre toutes les notifications. Si vous devez recevoir des appels urgents ou des messages importants, vous pouvez toujours activer la fonction "ne pas déranger" qui vous permettra de bloquer tous les autres types de notifications.

**Astuce :** *Évitez également de consulter votre téléphone de manière compulsive. Si vous ne pouvez pas vous empêcher de regarder votre téléphone, mettez-le hors de portée, par exemple dans un tiroir ou dans votre sac.*

## 2. Utiliser des bouchons d'oreille

Si vous travaillez dans un environnement bruyant, il peut être difficile de se concentrer. Dans ce cas, l'utilisation de bouchons d'oreille peut vous aider à réduire les bruits environnants et vous permettre de vous concentrer sur votre travail.

**Astuce :** *Si vous ne souhaitez pas utiliser des bouchons d'oreille, vous pouvez utiliser des écouteurs antibruit ou de la musique pour masquer les bruits ambiants.*

### 3. Créer un environnement de travail favorable

Il est important de créer un environnement de travail favorable pour éviter les distractions. Par exemple, vous pouvez installer des panneaux "Ne pas déranger" ou "Silence, je travaille" sur votre bureau pour signaler à vos collègues que vous êtes occupé. Vous pouvez également aménager votre espace de travail de manière à vous sentir à l'aise, ce qui vous aidera à vous concentrer sur votre travail.

**Astuce :** *Si vous travaillez à la maison, essayez de créer un espace de travail dédié, loin des distractions telles que la télévision ou les jeux vidéo.*

### 4. Planifier des moments de pause

Il peut être difficile de rester concentré toute la journée, c'est pourquoi il est important de planifier des moments de pause réguliers. Ces pauses vous permettront de vous détendre et de vous ressourcer, ce qui vous aidera à rester productif tout au long de la journée. Vous pouvez également utiliser ces pauses pour vérifier vos notifications ou pour répondre à des messages importants.

**Astuce :** *Essayez de planifier vos pauses à des moments précis de la journée, par exemple toutes les deux heures. Cela vous aidera à maintenir votre concentration sur une tâche donnée pendant une période donnée.*

### 5. Éviter les réunions inutiles

Les réunions peuvent être une source importante de distraction. Il est important de ne pas assister à des réunions qui ne sont pas pertinentes pour votre travail. Si vous êtes invité à une réunion qui n'est pas en lien avec vos objectifs professionnels ou qui ne nécessite pas votre présence, n'hésitez pas à décliner l'invitation.

**Astuce :** *Si vous devez absolument assister à une réunion, préparez-vous à l'avance en prenant des notes sur les sujets qui seront abordés et en préparant des questions pertinentes. Pendant la réunion, évitez de consulter votre téléphone portable ou votre ordinateur portable pour éviter les distractions. Essayez également de rester concentré en écoutant attentivement les présentateurs et en participant activement aux discussions. Enfin, si vous constatez que la réunion n'est pas productive ou qu'elle dure plus longtemps que prévu, n'hésitez pas à proposer des solutions pour améliorer la situation, telles que de fixer une heure limite pour la fin de la réunion ou de planifier une autre réunion pour discuter des sujets qui n'ont pas pu être abordés.*

Les médias sociaux sont aussi une source de distraction courante au travail. Il peut être tentant de vérifier vos notifications ou de consulter votre fil d'attente.

# Comment se concentrer sur une tâche donnée ?

Il n'est pas rare de se retrouver distrait ou déconcentré en plein travail, surtout avec l'omniprésence des nouvelles technologies. Cependant, la concentration est essentielle pour une productivité optimale. Dans cette section, nous allons découvrir comment rester concentré sur une tâche donnée.

## LE SAVIEZ-VOUS ?

Le physicien allemand Albert Einstein était connu pour son organisation rigoureuse. Il avait pour habitude de travailler sur un seul projet à la fois, et de prendre des pauses régulières pour se reposer et réfléchir.

## Les techniques pour rester sur une tâche donnée

Pour atteindre une productivité optimale, il est important de savoir comment se concentrer sur une tâche donnée. Voici donc quelques techniques et astuces pour vous aider à rester concentré sur votre travail et ainsi améliorer votre efficacité professionnelle.

- **L'environnement de travail**

Assurez-vous que votre environnement de travail est adapté à la tâche que vous devez réaliser. Cela signifie que vous devez vous assurer que votre espace de travail est propre et bien rangé. Vous pouvez également utiliser des outils de gestion de temps tels que des minuteurs ou des alarmes pour vous rappeler de vous concentrer sur votre tâche.

- **La méthode Pomodoro**

La méthode Pomodoro consiste à travailler pendant 25 minutes sans interruption, suivies d'une pause de cinq minutes. Répétez cette séquence quatre fois, puis accordez-vous une pause de 20 à 30 minutes. Cette méthode permet de rester concentré sur une tâche donnée durant une période déterminée tout en prenant des pauses régulières pour se reposer.

- **La méthode Eisenhower**

La méthode Eisenhower consiste à classer les tâches en fonction de leur importance et de leur urgence. Cela vous permet de vous concentrer sur les tâches les plus importantes et urgentes, en évitant de perdre du temps sur des tâches secondaires.

- **L'isolement**

L'isolement consiste à se mettre dans un lieu calme et sans distractions, où vous pouvez vous concentrer sur votre tâche sans être interrompu. Cela peut être un espace de travail isolé ou même un casque antibruit pour réduire les bruits environnants.

**Exemples :**

*Caroline travaille dans un bureau partagé avec d'autres collègues. Pour rester concentrée sur sa tâche, elle utilise des écouteurs antibruit pour réduire les bruits environnants. Elle utilise également la méthode Pomodoro pour rester concentrée pendant des périodes déterminées.*

*Maxime est un commercial indépendant qui travaille souvent de chez lui. Pour éviter les distractions, il a installé un bureau dans une pièce isolée de la maison. Il utilise par ailleurs la méthode Eisenhower pour hiérarchiser ses tâches et se concentrer sur les plus importantes.*

*Sarah travaille dans un open space avec plusieurs collègues. Pour rester concentrée, elle utilise un minuteur pour se rappeler de se concentrer sur sa tâche pendant une période déterminée. Elle s'assure aussi que son espace de travail est bien rangé et qu'elle dispose de tout ce dont elle a besoin pour travailler efficacement.*

## La bonne conscience professionnelle

En restant concentré sur une tâche donnée, vous démontrez votre engagement envers votre travail et votre professionnalisme. Vous pouvez ressentir un sentiment de satisfaction lorsque vous terminez une tâche difficile. En outre, une bonne concentration peut améliorer votre efficacité et votre productivité, ce qui peut conduire à des opportunités de carrière plus importantes.

La concentration est essentielle pour une productivité optimale. Les techniques telles que l'utilisation de la méthode Pomodoro, qui consiste à travailler en blocs de temps de 25 minutes suivis de courtes pauses, sont utiles pour maintenir votre concentration tout en prenant des pauses régulières pour vous rafraîchir l'esprit.

En suivant ces astuces, vous pourrez mieux vous concentrer sur votre travail et ainsi améliorer votre productivité. Alors, n'hésitez pas à essayer ces techniques et astuces pour rester concentré sur vos tâches. Vous verrez que cela peut faire une grande différence dans votre capacité à atteindre vos objectifs professionnels et personnels.

> *"L'organisation est l'arme la plus puissante dont dispose l'homme pour atteindre ses objectifs."*
>
> **Mary Parker Follett**

# CHAPITRE 6 : PLANIFICATION DES EMAILS

Dans notre monde hyperconnecté et axé sur la communication électronique, la gestion efficace des emails est devenue essentielle pour maintenir notre productivité au travail. Chaque jour, nos boîtes de réception sont inondées de messages, allant des informations importantes aux demandes urgentes, en passant par les courriels moins prioritaires. Dans ce chapitre consacré à la planification des emails, nous explorerons des stratégies et des techniques pour optimiser notre approche de gestion des courriels et améliorer notre efficacité communicationnelle.

Nous vous invitons à plonger dans l'univers de la planification des emails. Que vous soyez un professionnel occupé, un entrepreneur ambitieux ou simplement à la recherche de moyens d'améliorer votre communication électronique, les connaissances et les techniques partagées ici vous aideront à mieux vous organiser, à optimiser votre temps et à atteindre vos objectifs professionnels avec succès.

Préparez-vous à transformer votre approche de gestion des emails et à maîtriser cet outil essentiel de notre monde professionnel moderne.

# Établir des objectifs clairs pour vos emails

Lorsque nous nous lançons dans la rédaction d'un email, il faut savoir quel est notre objectif et ce que nous souhaitons accomplir avec ce message. En définissant nos objectifs de communication et en identifiant les résultats souhaités pour chaque email, nous serons en mesure de communiquer de manière plus efficace, d'obtenir des réponses pertinentes et d'atteindre nos objectifs professionnels avec succès.

## 1. Définissez vos objectifs de communication

Lorsqu'il s'agit de rédiger des emails professionnels, il est essentiel de commencer par définir clairement vos objectifs de communication. Avant de composer votre message, prenez le temps de réfléchir à ce que vous souhaitez accomplir en envoyant cet email.
Voici quelques points à considérer :

*Déterminez le but principal de votre email* : Identifiez le motif principal de votre communication. Est-ce que vous voulez informer, demander une action, solliciter des informations ou fournir un suivi ? En ayant une compréhension claire de l'objectif principal, vous pourrez orienter votre écriture de manière plus efficace.

*Identifiez votre public cible* : Pensez à qui vous adressez cet email. S'agit-il d'un supérieur hiérarchique, d'un collègue, d'un client ou d'un partenaire commercial ? La compréhension de votre public vous aidera à adapter votre ton, votre niveau de formalité et votre choix de mots pour atteindre vos objectifs de communication.

*Soyez spécifique et mesurable* : Définissez des objectifs spécifiques et mesurables pour votre email. Par exemple, si vous souhaitez demander une réunion, précisez le moment souhaité et les participants visés. Si vous attendez une réponse ou une action, spécifiez clairement ce que vous attendez et dans quel délai.

**Exemple :**

*Supposons que vous souhaitiez demander à votre collègue des informations supplémentaires sur un projet en cours. Le but principal de votre email serait de solliciter ces informations pour avancer dans votre travail. Votre public cible est votre collègue, il est donc important d'adapter votre ton et votre niveau de formalité en conséquence. Pour rendre votre demande spécifique et mesurable, vous pourriez indiquer clairement les informations que vous recherchez, comme les délais, les ressources nécessaires ou les données spécifiques.*

## 2.  Identifiez les résultats souhaités pour chaque email

Une fois que vous avez défini vos objectifs de communication, il faut donc réfléchir aux résultats souhaités pour chaque email que vous envoyez. Voici quelques considérations pour vous aider :

*Réflexion sur l'impact attendu* : Quel résultat espérez-vous obtenir en envoyant cet email ? Souhaitez-vous obtenir une réponse rapide, générer une action spécifique, obtenir une décision, ouvrir une discussion, partager des informations importantes, ou quelque chose d'autre ? En déterminant l'impact souhaité, vous pourrez adapter votre message en conséquence.

*Évaluation de l'urgence et de l'importance* : Selon la nature de votre email, évaluez l'urgence et l'importance de la réponse ou de l'action requise. Cela vous aidera à hiérarchiser vos envois et à allouer votre temps et votre énergie de manière plus efficace.

*Clarté des attentes* : Assurez-vous que les attentes liées à votre email sont clairement exprimées. Si vous attendez une réponse, précisez si vous souhaitez une confirmation, une décision ou une information spécifique. Si vous demandez une action, indiquez les étapes à suivre et les délais éventuels. En fournissant des instructions précises, vous augmentez les chances d'obtenir les résultats souhaités.

**Exemple :**

*Vous envoyez un email à un fournisseur pour demander une réduction de prix sur une commande en raison d'un retard de livraison. L'impact attendu de cet email est d'obtenir une réponse positive du fournisseur et de négocier une réduction tarifaire. L'urgence et l'importance de cette demande dépendent du délai de paiement et de l'impact financier pour votre entreprise. Pour être clair dans vos attentes, vous devriez préciser le pourcentage de réduction souhaité, le délai de réponse attendu et les modalités de mise en place de la réduction. Ainsi, en identifiant ces résultats souhaités, vous pouvez orienter votre email de manière à maximiser vos chances d'obtenir une réponse favorable du fournisseur.*

En établissant des objectifs clairs pour vos emails et en identifiant les résultats souhaités, vous pourrez rédiger des messages plus ciblés, accroître l'efficacité de vos communications et obtenir des réponses plus pertinentes. Gardez ces considérations à l'esprit lorsque vous composez vos emails afin d'optimiser votre impact et votre productivité au travail.

# Gestion de la boîte de réception

La gestion de la boîte de réception est une compétence essentielle dans notre ère numérique où les e-mails jouent un rôle central dans la communication professionnelle. Elle implique l'organisation efficace, le tri et la réponse aux messages, afin d'optimiser la productivité et de maintenir un flux de travail harmonieux.

### 1. Stratégies pour trier et organiser les emails reçus

Pour maintenir un flux de travail productif et d'éviter l'engorgement de votre boîte de réception, il faut l'efficacité dans la gestion des e-mails.
Voici quelques stratégies pour trier et organiser les emails reçus :

***Utilisez des règles de messagerie :*** Configurez des règles de messagerie dans votre client de messagerie pour trier automatiquement les emails entrants. Vous pouvez les organiser en fonction de l'expéditeur, du sujet, des mots-clés, etc. Cela permet de catégoriser les messages dès leur arrivée et de les diriger vers des dossiers spécifiques.

*Classez par priorité* : Développez un système de priorités pour traiter vos emails. Marquez ou étiquetez les messages importants ou urgents et traitez-les en premier. Vous pouvez également utiliser des indicateurs de statut tels que **"À traiter"**, **"En attente"** ou **"Terminé"** pour organiser les emails en fonction de leur état.

### Exemple :
*Supposons que vous travaillez dans une entreprise où vous recevez quotidiennement de nombreux emails liés à différents projets. Vous pouvez utiliser des règles de messagerie pour catégoriser automatiquement les emails entrants en fonction du projet concerné. Par exemple, tous les emails liés au projet A seront dirigés vers un dossier spécifique, tandis que ceux du projet B iront dans un autre dossier. Cela vous permet de visualiser rapidement les emails pertinents pour chaque projet et de maintenir votre boîte de réception organisée. De plus, vous pouvez utiliser un système de priorités en marquant les emails urgents ou importants afin de les traiter en premier. En utilisant des indicateurs de statut comme "À traiter", "En attente" ou "Terminé", vous pouvez facilement suivre l'état de chaque email et vous assurer qu'aucun message important n'est négligé.*

## 2. Utilisation des dossiers et des libellés pour catégoriser les messages

C'est une méthode efficace pour organiser et retrouver simplement vos emails.
Voici quelques conseils à prendre en compte :

*Créez des dossiers ou des libellés logiques* : Organisez vos emails dans des dossiers ou des libellés basés sur des catégories claires et cohérentes. Par exemple, vous pouvez avoir des dossiers pour les projets en cours, les clients, les fournisseurs ou les domaines spécifiques. Veillez à utiliser des noms de dossiers ou de libellés significatifs pour faciliter la recherche ultérieure.

***Automatisez la catégorisation*** *:* Configurez des règles de messagerie pour attribuer automatiquement des dossiers ou des libellés à certains types d'emails. Par exemple, vous pouvez créer une règle pour déplacer tous les emails provenant d'un client spécifique vers un dossier dédié. Cela vous permet de gagner du temps et d'assurer une organisation cohérente.

**Exemple :**
*En créant un dossier "Projet A" et en attribuant un libellé "Urgent" aux emails importants, vous pouvez facilement retrouver les informations nécessaires et prioriser vos actions en conséquence. Cela vous permet d'économiser du temps et d'optimiser votre productivité au quotidien.*

### 3.  Techniques pour réduire le nombre de courriels non lus

Un nombre élevé d'emails non lus peut être source de stress et de désorganisation.
Voici quelques techniques pour réduire le nombre de courriels non lus :

***Utilisez le principe du "zéro boîte de réception"*** *:* Visez à traiter tous les emails de votre boîte de réception, en les classant, en y répondant ou en les supprimant. Cela permet de maintenir un flux de travail clair et d'éviter l'accumulation d'emails non lus.

***Mettez en place des plages horaires dédiées*** *:* Allouez des plages horaires spécifiques dans votre emploi du temps pour gérer les emails. Évitez de vérifier constamment votre boîte de réception et limitez-vous à des moments définis. Cela vous permet de rester concentré sur d'autres tâches sans être constamment interrompu.

***Utilisez des techniques de gestion du temps*** *:* Appliquez des techniques de gestion du temps, telles que la méthode Pomodoro, pour vous aider à vous concentrer sur les tâches prioritaires.

Fixez des intervalles de temps spécifiques pour traiter les emails et résistez à la tentation de les vérifier en dehors de ces intervalles.

**Exemple :**

*Vous pouvez déduire 30 minutes chaque matin et chaque après-midi à la gestion des emails, afin que vous puissiez maintenir un flux de travail clair et évitez d'être constamment interrompu. Cette approche vous permet de rester concentré sur d'autres tâches importantes et de réduire le stress lié à une boîte de réception encombrée.*

En mettant en œuvre ces stratégies pour trier et organiser vos emails, ainsi que pour réduire le nombre de courriels non lus, vous pourrez maintenir une boîte de réception plus gérable et améliorer votre efficacité dans le traitement des communications électroniques.

# Gestion efficace de l'envoi et de la réponse aux emails, avec utilisation de modèles et de réponses automatiques

La gestion efficace de l'envoi et de la réponse aux emails est essentielle pour optimiser votre productivité et votre communication. Dans un monde où les communications électroniques sont omniprésentes, il est crucial de mettre en place des stratégies efficaces pour gérer cette charge de travail.

### 1. Définir des périodes dédiées à la gestion des emails

Il est crucial de réserver des plages horaires spécifiques dans votre emploi du temps pour consacrer du temps au traitement des e-mails.

Cette pratique permet de maintenir une organisation efficace de votre travail et de garantir une gestion optimale de votre boîte de réception. En accordant des plages horaires dédiées, vous pouvez vous concentrer pleinement sur la lecture, la réponse et la gestion de vos e-mails sans être constamment interrompu par d'autres tâches.

En définissant des moments précis pour cette activité, vous évitez également de vous laisser submerger par une accumulation excessive de messages non lus. Cela vous aide à rester à jour et à répondre de manière plus rapide et efficace aux communications professionnelles et personnelles.

**Exemple :**

*Vous pouvez décider de consacrer les 30 premières minutes de votre journée de travail à la vérification et à la réponse aux emails, puis réserver une autre plage horaire en milieu d'après-midi. Cela vous permet de vous concentrer pleinement sur cette tâche sans être constamment interrompu. En dehors de ces périodes dédiées, il est préférable d'éviter de vérifier votre boîte de réception de manière compulsive afin de minimiser les distractions et de maintenir votre productivité sur d'autres tâches. Vous pouvez décider de ne vérifier vos emails qu'à 9h00 et à 15h00 chaque jour.*

Lorsque vous planifiez ces plages horaires, il est recommandé de choisir des moments de la journée où vous êtes le plus susceptible d'être concentré et productif. Cela peut être le matin lorsque vous êtes frais et dispos, ou en fin de journée lorsque vous avez terminé vos tâches principales.

## 2. La politique de réponse aux emails : délais et attentes

La mise en place d'une politique de réponse claire pour vos emails revêt une grande importance. En effet, cela permet d'assurer une communication efficace et professionnelle avec vos interlocuteurs. Une politique de réponse claire implique l'établissement de directives et de normes quant à la manière dont vous répondez aux emails que vous recevez.

Tout d'abord, il est crucial de définir des délais de réponse appropriés. Vous devriez fixer des attentes claires quant au délai dans lequel vous prévoyez de répondre aux messages reçus. Cela démontre votre engagement envers une communication réactive et vous permet de gérer vos priorités.

Ensuite, il est recommandé de définir des règles de politesse et de courtoisie dans vos réponses. Assurez-vous d'utiliser un ton respectueux et professionnel, en évitant les réponses abruptes ou impolies.

Veillez à répondre à toutes les questions posées et à fournir des informations complètes et pertinentes.

Par ailleurs, il est judicieux d'établir des modèles de réponses pour les demandes courantes. Cela permet de gagner du temps et d'assurer la cohérence dans vos réponses. Vous pouvez créer des modèles de courriels pour différentes situations, tels que les demandes de renseignements, les plaintes ou les demandes de rendez-vous.

Enfin, n'oubliez pas de revoir et de relire vos réponses avant de les envoyer. La vérification de l'orthographe, de la grammaire et de la clarté de votre message est essentielle pour transmettre une image professionnelle et fiable.

**Exemple :**
*Vous pouvez décider de vous engager à répondre à tous les emails dans un délai de 24 heures ouvrables. Communiquez ces attentes à vos interlocuteurs afin qu'ils sachent à quoi s'attendre. Si certaines communications nécessitent une réponse immédiate, identifiez les canaux de communication appropriés. Vous pouvez indiquer dans votre signature d'email que pour les urgences, il est préférable de vous contacter par téléphone. Cela permet d'éviter d'être submergé par une surcharge d'emails et de traiter les urgences de manière plus efficace.*

L'établissement d'une politique de réponse claire pour vos emails est un élément crucial pour une communication efficace. Cela vous aide à gérer votre temps, à maintenir des normes élevées de professionnalisme et à favoriser des relations positives avec vos correspondants.

### 3. Utilisation de modèles d'emails pour les communications fréquentes

La création de modèles d'emails pour les types de communications récurrents ou standardisés peut vous faire gagner beaucoup de temps. En utilisant des modèles préétablis, vous pouvez facilement personnaliser et adapter vos messages en fonction des circonstances spécifiques, tout en évitant de réinventer la roue à chaque fois.

Ces modèles vous permettent d'avoir une base solide pour des courriels fréquemment envoyés tels que les réponses aux demandes d'informations, les confirmations de rendez-vous, les suivis de projets, ou même les messages de bienvenue pour les nouveaux clients.

**Exemple :**

*Si vous envoyez fréquemment des emails de remerciement après des réunions, vous pouvez créer un modèle d'email de remerciement générique. Lorsque vous devez envoyer un email de remerciement, il vous suffit de personnaliser le modèle en ajoutant des informations spécifiques à la réunion en question. Cela permet d'assurer une cohérence dans vos messages tout en économisant du temps et des efforts.*

En ayant des modèles prêts à l'emploi, vous réduisez considérablement le temps passé à rédiger chaque email à partir de zéro, tout en maintenant une cohérence et une efficacité dans vos communications. Cela vous libère ainsi du temps précieux que vous pouvez consacrer à d'autres tâches importantes de votre travail.

### 4. L'utilisation de réponses automatiques pour les périodes d'absence

Lorsque vous êtes en congé, en déplacement ou indisponible, il est extrêmement utile de configurer des réponses automatiques. Ces réponses automatiques sont des messages préétablis qui sont envoyés automatiquement en réponse aux emails que vous recevez pendant votre absence. En configurant ces réponses automatiques, vous informez efficacement les expéditeurs de votre indisponibilité et leur fournissez des informations pertinentes, telles que la durée de votre absence et les personnes de contact alternatives. Cela permet de maintenir une communication claire et professionnelle, même lorsque vous n'êtes pas disponible. De plus, les réponses automatiques vous permettent de gagner du temps précieux en évitant d'avoir à répondre manuellement à chaque email reçu.

En fournissant une réponse automatique claire et bien formulée, vous aidez également à réduire l'attente et la frustration des expéditeurs en leur donnant une indication claire de quand ils peuvent s'attendre à recevoir une réponse de votre part.

En somme, la configuration des réponses automatiques est un outil essentiel pour maintenir une communication efficace et professionnelle même lorsque vous êtes temporairement indisponible.

**Exemple :**

*Si vous partez en vacances pendant une semaine, vous pouvez configurer une réponse automatique qui informe les expéditeurs de votre absence et leur fournit des informations alternatives pour obtenir une assistance immédiate si nécessaire. Assurez-vous d'inclure des détails pertinents, tels que la durée de votre absence, les contacts alternatifs et les instructions pour les situations urgentes. Cela permet de gérer les attentes des expéditeurs et de maintenir une communication claire même en votre absence.*

En suivant ces différentes stratégies, vous pourrez améliorer votre gestion globale des emails, gagner du temps et maintenir une communication cohérente et professionnelle.

**Conseils :** *En tant qu'expert de l'organisation, je vous recommande vivement de consacrer quelques minutes chaque soir à la visualisation des tâches pour le lendemain. Prenez le temps de réfléchir aux activités clés que vous devez accomplir et imaginez-vous en train de les réaliser avec succès. Visualisez les étapes que vous allez suivre, les obstacles que vous pourriez rencontrer et les solutions que vous apporterez. En créant cette image mentale claire, vous préparez votre cerveau à l'action et augmentez votre motivation.*

*De plus, faites une liste écrite de vos priorités pour le lendemain. Classez-les par ordre d'importance et identifiez les tâches les plus urgentes. Cela vous permettra de commencer votre journée en vous concentrant immédiatement sur les activités essentielles. Vous éviterez ainsi de vous laisser distraire par des tâches secondaires et vous serez plus productif.*

*En pratiquant régulièrement la visualisation des tâches la veille, vous bénéficierez d'une meilleure clarté mentale, d'une plus grande confiance en vos capacités et d'une réduction du stress lié à l'incertitude.*

Vous serez également en mesure de gérer votre temps de manière plus efficace, en consacrant vos ressources aux activités qui ont le plus d'impact.

Alors, prenez l'habitude de planifier votre journée à l'avance et de visualiser vos tâches. Vous constaterez rapidement les avantages d'une vision claire de vos priorités et d'une meilleure organisation au travail.

> "Il est nécessaire d'organiser le travail de telle manière que chaque ouvrier ait une sphère définie d'action et de responsabilité."
> **Charles Babbage**

# CHAPITRE 7 : MAINTENIR SA PRODUCTIVITÉ SUR LE LONG TERME

Le maintien de la productivité sur le long terme est un véritable défi pour toute personne qui souhaite atteindre ses objectifs professionnels. En effet, il est souvent plus facile de se concentrer et de travailler efficacement sur une courte période, mais maintenir ce niveau de productivité sur le long terme peut s'avérer difficile.

C'est pourquoi ce chapitre va vous présenter des techniques et des astuces pour vous aider à maintenir votre productivité sur le long terme, en évitant notamment la procrastination et en gardant votre motivation. Vous découvrirez également les bonnes pratiques à mettre en place pour éviter les pièges qui peuvent vous faire perdre en efficacité.

Suivez les conseils présentés dans ce chapitre pour conserver votre productivité à un niveau optimal, jour après jour.

# Comment éviter la procrastination ?

La procrastination est l'un des plus grands ennemis de la productivité. Elle est généralement considérée comme un comportement négatif qui peut causer de nombreux problèmes dans le monde professionnel. En effet, la procrastination peut conduire à des retards dans la livraison des projets, à des erreurs de qualité, à une diminution de la qualité du travail et à des stress inutiles.

Pour éviter la procrastination, il est important de comprendre les causes sous-jacentes, d'identifier les signes précurseurs et d'utiliser des techniques efficaces pour garder sa motivation et sa concentration.

Dans cette section, nous allons discuter de ces points en détail.

## Comprendre les causes de la procrastination

La procrastination peut être causée par de nombreuses raisons différentes. Elle peut être causée par un manque de motivation, un manque de confiance en soi, une peur de l'échec, une surcharge de travail, des distractions constantes ou simplement par une tendance naturelle à remettre les choses à plus tard. Pour éviter la procrastination, il est important de comprendre les causes sous-jacentes et d'essayer de les surmonter.

## Identifier les signes précurseurs de la procrastination

Il est également important d'identifier les signes précurseurs de la procrastination. Cela peut inclure des pensées négatives, des sentiments d'incertitude ou d'inquiétude, une tendance à se distraire facilement ou à perdre sa concentration, ou simplement un manque d'énergie ou de motivation. En identifiant ces signes à un stade précoce, il est possible d'agir rapidement pour éviter la procrastination.

# Techniques pour éviter la procrastination

En adoptant des stratégies concrètes et en appliquant des astuces pratiques, vous serez en mesure de prendre le contrôle de votre temps et de vos tâches, maximisant ainsi votre productivité et vous rapprochant de vos objectifs professionnels. Voici donc quelques-unes de ces techniques à votre disposition :

- **La méthode Pomodoro**

Cette méthode consiste à travailler pendant 25 minutes, suivies d'une pause de 5 minutes. Après quatre cycles, une pause plus longue de 15 à 20 minutes est recommandée. Cette technique peut aider à maintenir sa concentration et à rester productif.

- **Utiliser une to-do list**

Créer une liste de tâches à accomplir peut aider à se concentrer sur les tâches importantes et à éviter la procrastination. En écrivant les tâches à accomplir, vous vous donnez une meilleure vue d'ensemble de ce qui doit être fait, ce qui peut aider à éviter de se sentir submergé.

- **Prioriser les tâches**

Prioriser les tâches peut aider à se concentrer sur les tâches les plus importantes et à éviter de perdre du temps sur des tâches moins urgentes. En priorisant les tâches, vous pouvez vous concentrer sur les tâches les plus importantes, ce qui peut aider à maintenir votre motivation et votre concentration.

- **Éliminer les distractions**

Les distractions sont l'un des principaux facteurs qui contribuent à la procrastination. Éliminer les distractions peut aider à se concentrer sur les tâches importantes. Cela peut inclure et éteindre son téléphone, fermer les réseaux sociaux ou travailler dans un environnement calme et silencieux. Il est important de prendre conscience des sources de distraction et de les éliminer pour pouvoir travailler efficacement.

# Conseils pour augmenter la productivité

Explorez avec nous des stratégies concrètes et des astuces pratiques qui vous aideront à maintenir le cap, à maximiser votre productivité et à atteindre vos objectifs professionnels. Voici quelques-unes de ces techniques :

- Planifiez des jours spécifiques de la semaine pour les rencontres avec les clients et les fournisseurs. Regrouper ces interactions vous permettra d'optimiser votre temps et de minimiser les interruptions.

- Définissez des périodes d'indisponibilité vis-à-vis de vos collaborateurs en communiquant clairement les plages horaires pendant lesquelles vous ne souhaitez pas être dérangé. *Par exemple, de 9h à 12h, vous pouvez vous concentrer sur des tâches prioritaires.*

- Trouvez des solutions permanentes aux problèmes récurrents ou quotidiens afin de ne plus avoir à y consacrer du temps et de l'énergie à chaque fois. Résolvez-les une fois pour toutes pour libérer votre esprit et vous concentrer sur des tâches plus importantes.

- Automatisez les tâches lorsque c'est possible. Par exemple, si vous êtes responsable de la commande des bonbonnes d'eau, analysez les consommations et mettez en place un forfait avec un livreur régulier chargé de vérifier et de réapprovisionner les stocks. Cela vous évitera de passer un appel chaque semaine pour passer commande.

- Supprimez le répondeur téléphonique et encouragez les clients et les fournisseurs à vous contacter par email. Laissez un message vocal indiquant cette préférence, ce qui vous permettra de gérer les demandes de manière plus efficace.

- Créez des modèles d'e-mails types pour les courriers électroniques fréquents. Cela vous fera gagner du temps lors de la rédaction et assurera une certaine cohérence dans vos communications.

- Élaborez des réponses types, des fiches de procédures et des affiches explicatives pour les procédures courantes ou les questions fréquentes. Par exemple, créez une affiche indiquant la localisation des toilettes pour éviter les demandes répétées.

- Établissez des kits de livret d'accueil pour les nouveaux collaborateurs. Fournissez-leur les informations essentielles dès leur arrivée afin de réduire leur temps de formation et de faciliter leur intégration.

- Créez des procédures types pour des événements spécifiques tels que l'organisation de l'arbre de Noël ou des anniversaires d'entreprise. Avoir des procédures établies facilitera leur préparation et leur exécution, et permettra à chacun de savoir ce qui est attendu.

- Apprenez à déléguer progressivement et efficacement. Si les tâches ne nécessitent pas une grande confidentialité, vous pouvez les confier à des collègues compétents sans nécessairement en informer votre supérieur hiérarchique.

- Mettez en place des systèmes d'abonnement pour une meilleure gestion des achats courants tels que le carburant ou les tickets restaurant. Cela vous évitera de devoir gérer chaque achat individuellement et vous permettra de gagner du temps.

Il peut également être utile de planifier des temps de pause réguliers pour éviter la fatigue et le burn-out. Les pauses permettent de se reposer et de recharger ses batteries pour mieux se concentrer sur les tâches à accomplir. Il est recommandé de **planifier des pauses toutes les 90 minutes environ,** et de les utiliser pour se déconnecter complètement du travail, en faisant une activité agréable comme une promenade, un exercice physique ou une conversation avec un collègue.

Pour éviter la procrastination et rester concentré sur son travail, il est important de se débarrasser des sources de distraction, de planifier des pauses régulières, de se fixer des objectifs précis et réalisables, de maintenir une bonne conscience professionnelle et de se motiver avec des récompenses.

# Comment maintenir sa motivation ?

La motivation est l'un des facteurs les plus importants pour rester productif au travail. Cependant, il peut être difficile de maintenir une motivation élevée, surtout lorsque les tâches sont répétitives ou peu stimulantes. Heureusement, il existe plusieurs techniques que vous pouvez utiliser pour vous aider à rester motivé tout au long de la journée.

Une technique efficace consiste à définir des objectifs clairs et réalisables. Lorsque vous avez des objectifs concrets, vous savez exactement ce que vous devez faire pour atteindre vos buts. Cela peut vous donner un sentiment d'accomplissement et vous motiver à continuer à travailler dur. Essayez de vous fixer des objectifs quotidiens, hebdomadaires et mensuels pour vous assurer que vous restez sur la bonne voie.

Un autre moyen de maintenir sa motivation est de célébrer les petites victoires. Si vous parvenez à accomplir une tâche difficile ou à atteindre un objectif important, prenez quelques minutes pour vous féliciter et vous récompenser. Cela peut vous aider à vous sentir bien dans votre peau et vous donner la motivation nécessaire pour continuer à avancer.

Il est également important de prendre des pauses régulières tout au long de la journée. Si vous travaillez sans interruption pendant de longues périodes, vous risquez de vous sentir fatigué et démotivé. Essayez de prendre des pauses de cinq à dix minutes toutes les heures pour vous permettre de vous reposer et de vous ressourcer. Vous pouvez utiliser ces pauses pour vous déplacer, vous étirer ou prendre une collation saine pour vous aider à vous recharger.

Enfin, travailler dans un environnement positif peut aussi vous aider à maintenir votre motivation. Si vous travaillez dans un environnement qui vous met de mauvaise humeur ou qui vous stresse, il peut être difficile de rester motivé et concentré. Essayez de travailler dans un endroit qui vous inspire et qui vous permet de rester concentré sur vos tâches. Cela peut inclure des choses simples comme mettre de la musique qui vous plaît en arrière-plan ou décorer votre espace de travail avec des objets inspirants.

Voici quelques exemples de techniques que vous pouvez utiliser pour maintenir votre motivation au travail :

- **Fixer des objectifs clairs et réalisables**
- **Célébrer les petites victoires**
- **Prendre des pauses régulières**
- **Travailler dans un environnement positif**

En utilisant ces techniques, vous pouvez maintenir votre motivation et rester productif tout au long de la journée. Il est important de se rappeler que la motivation est un état d'esprit, et que cela dépend de vous pour garder votre motivation élevée. En gardant cela à l'esprit, vous pouvez être sûr que vous êtes sur la bonne voie pour atteindre vos objectifs professionnels et personnels.

Il faut se rappeler que la motivation ne vient pas toujours facilement, et que parfois, il peut être difficile de rester motivé. Cependant, en utilisant ces techniques et en gardant une bonne conscience professionnelle, vous pouvez surmonter les obstacles et maintenir votre motivation à un niveau élevé, ce qui vous permettra d'accomplir vos tâches avec efficacité et d'atteindre vos objectifs professionnels à long terme.

# Les bonnes pratiques pour maintenir sa productivité sur le long terme

Pour maintenir sa productivité sur le long terme, il est important de rester concentré sur ses tâches et d'éviter les distractions.

Voici quelques bonnes pratiques à suivre :

- **Planifiez vos tâches**

La planification est un élément clé pour maintenir sa productivité sur le long terme. Prenez le temps de planifier vos tâches à l'avance et de définir des objectifs clairs pour chaque journée de travail. Utilisez des outils tels qu'un agenda, une to-do list ou une application de gestion de projet pour organiser vos tâches et les prioriser.

- **Évitez les distractions**

Les distractions sont l'ennemi de la productivité. Identifiez les sources de distraction les plus courantes dans votre environnement de travail (ex : les réseaux sociaux, les emails, les collègues bruyants) et essayez de les éviter. Utilisez des applications pour bloquer les sites web ou les notifications pendant que vous travaillez. Si possible, trouvez un endroit calme où vous pourrez travailler sans interruption.

- **Faites des pauses régulières**

Prenez des pauses régulières pour vous reposer et vous ressourcer. Cela vous permettra de maintenir votre niveau d'énergie et de rester concentré sur vos tâches. Essayez de faire une pause toutes les 90 minutes environ et profitez-en pour faire une promenade, prendre un café ou simplement vous détendre.

- **Évitez la procrastination**

La procrastination est un obstacle majeur à la productivité. Évitez de remettre à plus tard les tâches difficiles ou ennuyeuses. Essayez de les aborder dès le début de la journée lorsque vous êtes le plus frais et concentré. Si vous avez du mal à vous motiver, essayez de vous fixer des objectifs à court terme et de vous récompenser lorsque vous les atteignez.

- **Gardez votre motivation**

La motivation est essentielle pour maintenir votre productivité sur le long terme. Essayez de vous rappeler pourquoi vous faites ce que vous faites et comment cela contribue à vos objectifs professionnels et personnels. Si vous avez du mal à rester motivé, essayez de travailler sur des projets qui vous passionnent ou qui vous permettent de développer de nouvelles compétences.

## Conseils :

*Lorsqu'il s'agit de maintenir sa productivité sur le long terme, il est essentiel de trouver des moyens de gérer son temps de manière efficace. Une stratégie qui s'est avérée très bénéfique est de planifier des créneaux de disponibilité limitée, où vous évitez de recevoir des clients, des appels* ou des visites. Dans ce conseil, je vais vous expliquer comment mettre en place cette pratique et comment je l'ai appliquée moi-même pour obtenir des résultats positifs.

L'idée de ces créneaux de disponibilité limitée est de vous offrir une période de temps ininterrompue pour vous concentrer sur vos tâches les plus importantes et les plus exigeantes. Pour commencer, il est crucial de discuter de cette stratégie avec votre directeur afin d'obtenir son accord et de vous assurer que cela est compatible avec les exigences de votre poste. Une fois que vous avez son approbation, voici comment vous pouvez mettre en œuvre cette pratique.

Tout d'abord, identifiez les heures de la journée où vous êtes le plus concentré et productif. Pour la plupart des personnes, les heures du matin, de 8h à 13h, sont généralement propices à la concentration et à l'accomplissement de tâches complexes. Planifiez ces créneaux de disponibilité limitée dans votre emploi du temps et assurez-vous de les respecter scrupuleusement.

Pendant ces créneaux, communiquez clairement avec vos collègues, clients et supérieurs pour les informer que vous êtes indisponible pour les appels, les réunions ou les visites. Expliquez-leur l'importance de cette période dédiée à la réalisation de vos tâches les plus critiques. Assurez-vous également d'informer votre assistant ou votre équipe de soutien, afin qu'ils puissent vous aider à gérer les tâches urgentes ou les demandes prioritaires pendant cette période.

Ensuite, utilisez ces créneaux de disponibilité limitée pour vous concentrer sur les tâches les plus exigeantes et les plus importantes de votre travail. Cela peut inclure des projets qui nécessitent une réflexion approfondie, des rapports complexes à rédiger, des analyses approfondies à effectuer ou des décisions stratégiques à prendre. Éliminez les distractions, comme les notifications de messagerie instantanée ou les médias sociaux, et concentrez-vous sur une seule tâche à la fois.

*En appliquant cette stratégie moi-même, j'ai pu constater une amélioration significative de ma productivité et de mes résultats. En me donnant des créneaux de disponibilité limitée de 8h à 13h, j'ai pu travailler sur mes projets les plus importants sans interruption, ce qui m'a permis d'approfondir ma réflexion et de produire un travail de meilleure qualité. J'ai également remarqué que cette pratique m'a aidé à gérer mon stress en me donnant un sentiment de contrôle sur mon emploi du temps.*

En suivant ces bonnes pratiques, vous pourrez maintenir votre productivité sur le long terme et atteindre vos objectifs professionnels et personnels. N'oubliez pas que cela nécessite une bonne conscience professionnelle et une certaine discipline, mais les résultats en valent la peine !

> *"Le travail est le meilleur remède contre tous les maux, le seul qui ne trompe jamais."*
>
> **Émile Zola**

# CONCLUSION : LE SUCCÈS EST À PORTÉE DE MAIN

En concluant ce livre, je me retrouve à penser à ce voyage passionnant que j'ai entrepris pour trouver l'organisation au travail. Les défis, les erreurs et les leçons apprises ont forgé ma compréhension de l'importance cruciale de l'organisation dans notre vie professionnelle.

Le constat de notre manque d'organisation dans mon ancienne entreprise m'a ouvert les yeux sur les véritables enjeux auxquels nous devons faire face. Il est facile de croire que nous sommes bien organisés, mais la réalité peut être tout autre. Chacun d'entre nous, moi y compris, peut tomber dans le piège de l'illusion de l'efficacité. C'est pourquoi il est essentiel de remettre en question nos méthodes, d'expérimenter de nouvelles approches et de continuer à apprendre.

En embrassant ma vie d'entrepreneur indépendant, j'ai découvert une nouvelle passion pour l'optimisation du temps et des ressources. Je me suis plongé dans la littérature pertinente, en commençant par "La Semaine de 4 heures" de Tim Ferris. Cependant, je ne me suis pas contenté de suivre simplement les conseils des autres. J'ai cherché à aller au-delà, à explorer et à expérimenter différentes techniques afin de trouver celles qui fonctionnent le mieux pour moi et pour mon équipe.

Les pages que vous venez de parcourir sont le fruit de dix années de lectures et d'expérimentations. J'ai appris que l'organisation ne se limite pas à une liste de tâches ou à l'utilisation d'outils technologiques. C'est un état d'esprit, une discipline qui nécessite de la persévérance et de l'engagement.

Depuis 2013, ma mission est de gagner et d'économiser du temps, tout en étant conscient des défis que représentent le changement et l'accompagnement du changement pour mes collaborateurs. J'ai cherché à trouver l'équilibre entre efficacité et bien-être, entre productivité et épanouissement personnel.

J'espère sincèrement que ce guide vous a été utile et qu'il vous a inspiré à repenser votre approche de l'organisation au travail. Que vous soyez un employé, un entrepreneur ou un dirigeant, je vous encourage à adopter une mentalité orientée vers l'efficacité et à cultiver une culture de l'organisation dans votre environnement professionnel.

Que chaque mot que vous avez lu ici soit une étincelle qui allume le feu de votre productivité. Que vous vous élevez vers des niveaux de performance inégalés et insoupçonnés. Que vous trouviez la force de défier les limites et de réaliser vos objectifs les plus audacieux.

Je vous souhaite bonne chance dans votre voyage vers une organisation exemplaire au travail. Que la force soit avec vous !

# ANNEXES

## Test QCM avec réponse et grille d'analyse

**Question 1 : Qu'est-ce que la technique Pomodoro ?**
A. Une technique pour éplucher des tomates plus rapidement
B. Une technique de gestion du temps qui consiste à travailler par intervalles de 25 minutes suivis d'une pause de 5 minutes.
C. Une technique pour cultiver des tomates en forme de pomme

❖ **Réponse : B**

**Grille d'analyse :**

*Réponse A : incorrecte*
*Réponse B : correcte (1 point)*
*Réponse C : incorrecte*
*Score : 1 point pour la réponse correcte*

**Question 2 : Qu'est-ce que la technique de la "liste de tâches" ?**
A. Une technique pour écrire une liste de courses
B. Une technique pour planifier ses vacances
C. Une technique pour écrire une liste des tâches à accomplir

❖ **Réponse : C**

**Grille d'analyse :**

*Réponse A : incorrecte*
*Réponse B : incorrecte*
*Réponse C : correcte (1 point)*
*Score : 1 point pour la réponse correcte*

**Question 3 : Quelle est l'importance de la gestion du temps dans la productivité ?**
A. Aucune importance
B. Une bonne gestion du temps peut aider à éviter les tâches urgentes et stressantes
C. Une bonne gestion du temps ne peut pas aider à augmenter la productivité

❖ **Réponse : B**

**Grille d'analyse :**

*Réponse A : incorrecte*
*Réponse B : correcte (1 point)*
*Réponse C : incorrecte*
*Score : 1 point pour la réponse correcte*

**Question 4 : Qu'est-ce que la procrastination ?**
A. Un comportement positif qui favorise la créativité.
B. Un comportement négatif qui peut nuire à la productivité.
C. Une tendance naturelle à terminer les tâches rapidement.

❖ **Réponse : B**

**Grille d'analyse :**

*Réponse A : incorrecte*
*Réponse B : correcte (1 point)*
*Réponse C : incorrecte*
*Score : 1 point pour la réponse correcte*

**Question 5 : Comment peut-on maintenir sa motivation au travail ?**
A. En fixant des objectifs clairs et réalisables.
B. En évitant les pauses régulières pour se concentrer davantage.
C. En se concentrant uniquement sur les tâches répétitives.

❖ **Réponse : A**

**Grille d'analyse :**

*Réponse A : correcte (1 point)*
*Réponse B : incorrecte*
*Réponse C : incorrecte*
*Score : 1 point pour la réponse correcte*

## Question 6 : Quelle est la méthode Pomodoro ?
A. Travailler pendant 10 minutes, suivies d'une pause de 15 minutes.
B. Travailler pendant 30 minutes, suivies d'une pause de 10 minutes.
C. Travailler pendant 25 minutes, suivies d'une pause de 5 minutes.

❖ **Réponse : C**

**Grille d'analyse :**

*Réponse A : incorrecte*
*Réponse B : incorrecte*
*Réponse C : correcte (1 point)*
*Score : 1 point pour la réponse correcte*

## Question 7 : Quelles sont les causes sous-jacentes de la procrastination ?
A. La motivation élevée et la confiance en soi.
B. Le manque de motivation, la surcharge de travail et les distractions.
C. L'accomplissement des tâches importantes et la priorisation des activités.

❖ **Réponse : B**

**Grille d'analyse :**

*Réponse A : incorrecte*
*Réponse B : correcte (1 point)*
*Réponse C : incorrecte*
*Score : 1 point pour la réponse correcte*

**Question 8 : Quel est l'un des défis de taille pour tout professionnel occupé ?**

A. La planification minutieuse de chaque minute de la journée.

B. La gestion des imprévus.

C. L'évitement des tâches urgentes.

❖ **Réponse : B**

**Grille d'analyse :**

*Réponse A : incorrecte*
*Réponse B : correcte (1 point)*
*Réponse C : incorrecte*
*Score : 1 point pour la réponse correcte*

**Question 9 : Comment peut-on aborder les imprévus de manière constructive ?**

A. En évitant toute situation stressante.

B. En ne faisant preuve d'aucune flexibilité.

C. En voyant les imprévus comme une chance de développer ses compétences d'adaptation.

❖ **Réponse : C**

**Grille d'analyse :**

*Réponse A : incorrecte*
*Réponse B : incorrecte*
*Réponse C : correcte (1 point)*
*Score : 1 point pour la réponse correcte*

**Question 10 : Quelle est l'une des étapes pour améliorer vos habitudes de travail ?**

A. Identifier les sources de distraction.

B. Analyser les modèles de productivité.

C. Garder une trace de vos activités.

❖ **Réponse : A**

# Exercice pour améliorer la concentration et la motivation

**Exercice 1 : Essayez de travailler en utilisant la technique Pomodoro pendant une heure.**

- *Combien de sessions Pomodoro pouvez-vous compléter ?*

**Réponse :** varie selon la réponse de l'individu

**Grille d'analyse :**

Nombre de sessions Pomodoro complétées :
- 0 : 0 point
- 1-2 : 1 point
- 3-4 : 2 points
- 5-6 : 3 points
- 7+ : 4 points

Score : total des points obtenus

**Exercice 2 : Créez une liste de tâches pour la journée et essayez de les compléter toutes.**

- *Combien de tâches avez-vous réussies à compléter ?*

**Réponse :** varie selon la réponse de l'individu

**Grille d'analyse :**

Nombre de tâches complétées :

- 0-2 : 0 point
- 3-4 : 1 point
- 5-6 : 2 points
- 7-8 : 3 points
- 9+ : 4 points

Score : total des points obtenus

En espérant que ces exemples vous aideront à créer des questions et des exercices utiles pour vos lecteurs. N'oubliez pas de personnaliser les questions en fonction du contenu de votre livre et des objectifs que vous souhaitez atteindre.

# BIBLIOGRAPHIE : LES SOURCES D'INSPIRATION POUR MIEUX S'ORGANISER

Je tiens à remercier Amazon.fr pour avoir fourni une grande variété de livres sur les techniques d'organisation du travail, dont certains ont été utiles pour l'élaboration de ce livre.

❖ **"S'organiser pour réussir : Coaching pro 5" de Karen Demaison**

https://www.amazon.fr/Sorganiser-pour-r%C3%A9ussir-Coaching-pro/dp/2212579421/

❖ **"La méthode GTD - Getting Things Done" de David Allen**

https://www.amazon.fr/m%C3%A9thode-GTD-Getting-Things-Done/dp/2708135962/

❖ **"La Magie du rangement" de Marie Kondo**

https://www.amazon.fr/Magie-du-rangement-MARIE-KONDO/dp/2367406009/

❖ **"Les 7 habitudes de ceux qui réalisent tout ce qu'ils entreprennent" de Stephen Covey**

https://www.amazon.fr/habitudes-ceux-r%C3%A9alisent-entreprennent/dp/2892257222/

Ces livres ont été des sources d'inspiration précieuses pour aider les lecteurs à mieux s'organiser au travail et à atteindre une productivité optimale.

# REMERCIEMENTS

Chers lecteurs et lectrices,

Je suis très heureux de vous présenter mon livre "Mieux s'organiser au travail - Techniques et astuces pour une productivité optimale". Ce livre a été conçu pour vous aider à maximiser votre efficacité au travail et à améliorer votre qualité de vie professionnelle.

Je tiens tout d'abord à exprimer ma gratitude à tous ceux qui ont contribué à la réalisation de ce projet. Tout d'abord, je remercie mes amis et ma famille pour leur soutien constant et leur encouragement tout au long du processus d'écriture. Je ne pourrais pas être ici aujourd'hui sans leur soutien infaillible.

Je tiens également à remercier mes collègues et mes mentors qui m'ont aidé à développer mes compétences en matière d'organisation et de productivité. Leurs idées, leurs conseils et leur expertise ont été précieux pour moi et ont été une source d'inspiration pour la rédaction de ce livre.

Je suis reconnaissant envers les nombreux professionnels que j'ai rencontrés tout au long de ma carrière et qui m'ont partagé leurs expériences et leurs connaissances. Leurs histoires ont inspiré certaines des astuces et techniques que vous trouverez dans ce livre, et j'espère que cela vous aidera ainsi à atteindre vos objectifs professionnels.

Je tiens aussi à remercier tous les éditeurs et les membres du personnel qui ont travaillé sur ce livre. Leur professionnalisme, leur dévouement et leur soutien ont été essentiels pour transformer ce projet en une réalité tangible.

Enfin, je tiens à remercier mes lecteurs et lectrices, car c'est pour vous que ce livre a été écrit. J'espère que vous trouverez les conseils et astuces que j'ai partagées utiles et pratiques. Vos commentaires, vos critiques et vos idées sont très importants pour moi et m'aideront à améliorer mes futures œuvres.

Je suis très fier de ce livre et j'espère qu'il vous aidera à mieux vous organiser et à être plus productif au travail. Merci encore à tous ceux qui ont contribué à sa réalisation, et j'attends avec impatience de vous voir tirer le meilleur parti de ce livre.

Cordialement,

Mike M.Miller

**<u>Suivez-nous sur Facebook  Ivy Edition</u>**

www.ingramcontent.com/pod-product-compliance
Lightning Source LLC
Chambersburg PA
CBHW070438220526
45466CB00004B/1724